MukhammadKarim Ismailov

Samandar Siddiqjanov

Davlat budjeti va uni rivojlantirish asoslari

© MukhammadKarim Ismailov
Davlat budjeti va uni rivojlantirish asoslari
By: MukhammadKarim Ismailov,
Samandar Siddiqjanov
Edition: July '2024
Publisher:
Taemeer Publications LLC (Michigan, USA / Hyderabad, India)

© MukhammadKarim Ismailov

Book	:	Davlat budjeti va uni rivojlantirish asoslari
Author	:	MukhammadKarim Ismailov, Samandar Siddiqjanov
Publisher	:	Taemeer Publications
Year	:	'2024
Pages	:	76
Title Design	:	*Taemeer Web Design*

Ushbu monografiyada davlat budjetini rivojlantirish asoslari va xorijiy tajribalari, davlat budjeti tarkibi hamda moliyaviy siyosat, davlat siyosatini tashkil etish va boshqarishda mamlakat iqtisodiyoti uchun dolzarbliklari masalalari keltirilgan.

Taqrizchilar:

    Isaqov Musoxon Yusupjonovich- Iqtisodiyot fanlari nomzodi(phD, Namangan muhandislik-qurilish instituti)

MUNDARIJA:

KIRISH

I BOB DAVLAT BUDJETI TUSHUNCHASI TARKIBI VA UNING IQTISODIY DOLZARBLIKLARI.
1.1 Davlat budjeti tushunchasi mohiyati va tarkibi.
1.2 Davlat budjetini tashkil etish va boshqarishni mamlakat iqtisodiyoti uchun dolzarbliklari.

II BOB DAVLAT BUDJETIDA SOLIQ SIYOSATINI TASHKIL ETISH.
2.1 Davlatning budjet-soliq siyosati tamoyillari.
2.2 Budjet-soliq siyosatini iqtisodiy-huquqiy tuzilma va asoslari.

III BOB DAVLAT BUDJETINING RIVOJLANTIRISH YO'LLARI VA KONSEPTSIYALARI
3.1 Bozor iqtisodiyoti sharoitida davlat budjetini takomillashtirish asoslari
3.2 Davlat budjetini takomillashtirishning rivojlangan mamlakatlari usullari va konseptsiyalari.

XULOSA

FOYDALANILGAN ADABIYOTLAR

KIRISH

Har bir davlat o'z funktsiyalarini muvaffaqiyatli bajarishi uchun, shuningdek, rivojlanishning har bir bosqichida dolzarb bo'lgan strategikmaqsadlarni amalga oshirishi uchun mamlakatda yaratilgan moliyaviy resurslarning ma'lum bir qismini o'z qo'lida to'plamog'i ob'ektiv zaruriyatdir. Aynan shu zaruriyat davlat budjetining yuzaga kelishini va uni amalga oshirishni taqozo etadi. Davlatimiz mustaqillikka erishgan dastlabki kunlardan boshlab ijtimoiy yo'naltirilgan bozor iqtisodiyoti sari islohotlar bosqichma-bosqich amalga oshirib kelinmoqda.

Bozor iqtisodiyoti sharoitida davlat budjetining o'rni va roli juda muhimdir. Chunki, davlat daromadlar va xarajatlarni tartibga solishda, aholi turmush darajasini oshirishda, ishlab chiqarishni rag'batlantirishda bevosita budjet tizimiga tayanadi.

O'zbekiston Respublikasida iqtisodiyotni liberallashtirish va fuqarolik jamiyatini tubdan takomillashtirishda davlat moliyasi va uning muhim tarkibiy qismi bo'lgan davlat byudjeti muhim ahamiyat kasb etadi. Davlat byudjeti mamlakatning ijtimoiy, iqtisodiy, siyosiy, ekologik va boshqa vazifalarini amalga oshirishning moddiy-moliyaviy asosini tashkil etadi va moliya tizimining barcha bo'g'inlari bilan byudjet-moliya qonunchiligi orqali tartibga solinadigan muayyan munosabatlarni o'zida aks ettiradi.

O'zbekiston Respublikasi Prezidenti Sh.M. Mirziyoyev 2017-yilning 22-dekabrida O'zbekiston Respublikasi Oliy Majlisi palatalariga qilgan Murojaatnomasida Davlat byudjeti daromadlari va xarajatlari xalq uchun ochiq-oshkora bo'lishini ta'minlash zarurligini ko'rsatib o'tdi. O'z navbatida, byudjet ma'lumotlarini jamoatchilik uchun ochiq- oshkora bo'lishi davlatimiz rahbarining "Xalq davlat organlariga emas, davlat organlari xalqqa xizmat qilishi lozim", degan tamoyillariga to'liq mos keladi. Aholining keng qatlami uchun axborotning mazmunan qulayligini ta'minlash byudjet borasida fuqarolar bilan o'zaro hamkorlik qilish mexanizmlarining samaradorligini oshirishda muhim yo'nalish hisoblanadi.

2017-2021-yillarda O'zbekiston Respublikasini rivojlantirishning beshta ustuvor yo'nalishi bo'yicha Harakatlar strategiyasida belgilangan ustuvor vazifalardan kelib chiqqan holda yaratilgan bo'lib, u davlat byudjetining iqtisodiy mohiyati, ahamiyati, byudjet tuzilishi va tizimi, shuningdek, byudjet daromadlari va xarajatlarini prognoz qilish va moliyalashtirishning o'ziga xos xususiyatlari, shuningdek byudjet jarayonini amalga oshirishni ham nazariy, ham amaliy jihatdan o'rganish imkonini beradi.

Kurs ishini yaratishdan asosiy maqsad talabalarda davlatning o'z vazifalarini bajarishda byudjetning ahamiyati, uning daromadlarini prognoz qilish hamda xarajat turlari va yo'nalishlarini rejalashtirish, shuningdek, ushbu jarayonni amalga oshirishda qo'llaniladigan tamoyillar, byudjet tizimi byudjetlari o'rtasida yuzaga keladigan munosabatlarni amalga oshirish yo'llari bo'yicha nazariy bilimlar hosil qilish hamda ushbu munosabatlar doirasida nazariya bilan amaliyotning uyg'unligini ta'minlashdan iboratdir.

Iqtisodiyotni modernizatsiya qilish sharoitida oldimizga juda ko'plab vazifalar: iqtisodiyotni barqarorlashtirish, jahonning rivojlangan mamlakatlari qatoridan joy olish, umuman olganda ijtimoiy yo'naltirilgan kuchli demokratik qadriyatlarga asoslangan bozor iqtisodiyotini shakllantirish qo'yildi. O'zbekiston Respublikasi byudjet tizimini samarali boshqarishning hozirgi kundagi amaliyoti nazariyotchilar oldiga uning qator yangi muammolariga yechim topishni ko'ndalang qilib qo'ymoqda. Bu borada byudjet sohasida olib borilayotgan o'zgarishlarning markazida byudjet tizimi byudjetlari va byudjet munosabatlarini tubdan o'zartirish, daromadlari bazasini mustahkamlash, iqtisodiyotni ijtimoiy-iqtisodiy rivojlanishidagi tutgan o'rnini oshirish masalalari turadi. Prezidentimiz Shavkat Mirziyoyev ta'kidlaganlaridek-"Bizning o'z oldimizga qo'ygan asosiy maqsadimiz – boshlagan islohotlarimiz, iqtisodiyotimizni yangilash va modernizatsiya qilish jarayonlarini davom ettirish va chuqurlashtirish, hayotimiz darajasi va sifatini izchil oshirib borishni ta'minlash, tenglar ichida teng bo'lib, jahon hamjamiyatida munosib o'rin egallashdan iboratdir".[1]

Darhaqiqat, O'zbekiston Respublikasida byudjet tizimi taraqqiyotining hozirgi bosqichi davlatning yaxlit byudjet va ijtimoiy siyosatining manfaatlari mushtarakligini ta'minlash asosidagi o'ta mas'uliyatli vazifalarni samarali bajarilishini talab etmoqda. Iqtisodiyotni modernizatsiyalash va fuqarolik jamiyatini rivojlantirish sharoitida respublikamizda byudjet tizimini isloh qilish muhim ahamiyat kasb etadi, uni bugungi kundagi ijtimoiy-iqtisodiy o'zgarishlarga moslashtirish talab etiladi. Byudjet tizimini muhim bo'g'ini Dalat byudjeti mamlakatni iqtisodiyotini barqarorligini ta'minlashda muhim o'rin tutadi.

Respublikamizda so'ngi yillarda byudjet tizimida amalga oshirilayotgan islohotlar natijasida O'zbekiston respublikasi o'z iqtisodini barqaror sur'atlar bilan rivojlantirishni davom ettirib dunyo bozorida o'zini mavqeini mustahkamlab bormoqda. Bu davrda mamlakatimiz yalpi ichki mahsuloti 8 foizga o'sdi, sanoat mahsulotlari ishlab chiqarish hajmi 8,8 foizga, qishloq xo'jaligi – 6,8 foizga, chakana savdo aylanmasi – 14,8 foizga oshdi. Inflyatsiya darajasi prognoz ko'rsatkichidan past bo'ldi va 6,8 foizni tashkil etdi. O'tgan yil yakunlariga ko'ra, tashqi davlat qarzi yalpi ichki mahsulotga nisbatan 17 foizni, eksport hajmiga nisbatan qariyb 60 foizni tashkil etdi. Bu avvalambor xorijiy investitsiyalar va umuman, chetdan qarz olish masalasiga chuqur va har tomonlama puxta o'ylab yondashish natijasidir. Respublikamizda iqtisodiyotni barqaror rivojlanishini ta'minlashga qaratilgan kelgusi davr uchun puxta va har

---

[1] Sh.M.Mirziyoyev. "Yangi O'zbekiston strategiyasi". Toshkent-2020.

tomonlama asoslangan maqsadli, turli darajalardagi iqtisodiy taraqqiyot dasturlari ishlab chiqilmoqda. Mazkur Davlat dasturlarini mamlakatimizda muvoffaqiyatli amalga oshirilishi, oʻz vaqtida mablagʻ bilan ta'minlanishida byudjet tizimi byutjetlarining roli va ahamiyati oshib bormoqda. Bu esa, oʻz navbatida byudjet tizimi byutjetlari daromadlarini oshirishni, uni mustahkamlashni va boshqa daromad manbalarini izlashni talab etmoqda.

      Kurs ishini yaratishda bir qator milliy va xorijiy iqtisodchilarning ilmiy ishlaridan, o'quv adabiyotlaridan foydalanildi. Jumladan, T.S.Malikov va N.H.Haydarovlar tomonidan yozilgan "Davlat byudjeti" nomli o'quv uslubiy jamlanmasi asosida davlat byudjeti, uning iqtisodiy mohiyati, uni ijro etish jarayoni hamda mamlakatimizda byudjetni tartibga solishning huquqiy-me'yoriy hujjatlariga oid ma'lumotlar oʻrganildi. Z.X.Srojiddinova tomonidan yaratilgan "O'zbekiston Respublikasi byudjet tizimi" nomli darslik asosida esa byudjet munosabatlarining nazariy va amaliy jihatlari, byudjet qurilishi va tizimi, uning o'ziga xos xususiyatlari kabi masalalar tahlil qilindi. Bundan tashqari, mamlakatimizda byudjet tizimi va jarayoni hamda uni ijro etilishini yoritishda O.G'aybullaev va U.O'roqovlar tomonidan yaratilgan "O'zbekiston Respublikasida byudjet tizimi va jarayoni" nomli darsliklardan foydalanildi.

I BOB. DAVLAT BUDJETI TUSHUNCHASI VA UNING IQTISODIY DOLZARBLIKLARI.

1.1 Davlat budjeti tushunchasi mohiyati va tarkibi.

Budjet so'zi 15-asrlarda paydo bo'lgan bo'lib, O'rta asrlardagi Fransuz tilidan "bougette", qadimgi fransuz tilidagi "bouje", ya'ni "charm sumka, hamyon, kichik charm sumka", lotin tilidagi "bulga" so'zidan olingan bo'lib, "charm sumka" degan ma'nolarni anglatadi. Zamonaviy moliyaviy ma'nosi (1973) g'aznachilik vaziri fiskal rejalarini o'zining hamyonida saqlashi degan tushunchani beradi. Boshqa ma'nosi 18-asrda "yangiliklar shodasi" bo'lib ko'chdi, shu sababdan bu so'zni ishlatish ayrim gazetalar uchun sarlavha sifatida ishlatilgan.

Oksford lug'atida keltirilishicha, budjet – ma'lum davr uchun daromad va xarajatni hisoblash degan ma'noni anglatadi: Moliya Vaziri tomonidan yillik daromad va xarajatlarni muntazam baholash ya'ni oldinga qo'yilgan maqsadga muvofiq kerakli pul mablag'ini anglatadi. Merrayam-Vebster lug'atiga ko'ra, Budjet qanday qilib sarflanishi rejalashtirilganligiga bog'liq holda sarflanishga qodir bo'lgan pul mablag'i miqdoridir ya'ni, pul miqdorini qancha sarflanishi mumkinligini va kelajakda qancha sarflanishidir. Bu hukumat tomonidan belgilangan davr ichida qancha sarflanishi rejalashtirilganligi va xarajatlar uchun qancha to'lanishi haqidagi rasmiy ma'lumot.

Rene Stourmning fikriga ko'ra: Budjet so'zi 15-asrlarda paydo bo'lgan bo'lib, O'rta asrlardagi Fransuz tilidan "bougette", qadimgi fransuz tilidagi "bouje", ya'ni "charm sumka, hamyon, kichik charm sumka", lotin tilidagi "bulga" so'zidan olingan bo'lib, "charm sumka" degan ma'nolarni anglatadi. Zamonaviy moliyaviy ma'nosi (1973) g'aznachilik vaziri fiskal rejalarini o'zining hamyonida saqlashi degan tushunchani beradi. Boshqa ma'nosi 18-asrda "yangiliklar shodasi" bo'lib ko'chdi, shu sababdan bu so'zni ishlatish ayrim gazetalar uchun sarlavha sifatida ishlatilgan. "budjet – davlatning yillik tushumi va xarajatlarini prognoz qiladi va tasdiqlaydi". Davlatning budjet tuzilishi turli darajadagi budjetlarning turlarini, har bir budjet bo'g'inining tayinlanishini, turli pog'onadagi budjetlar o'rtasida daromad va xarajatlarning taqsimlanishini, ularning amal qilish tamoyillarini, markaziy hukumat va mahalliy hokimiyat organlarining budjet tizimini boshqarishdagi vakolatlarini belgilab beruvchi yuridik me'yorlarga asoslanadi. Budjet tizimi mamlakatda amal qiluvchi barcha darajadaga budjetlar yig'indisini bildiradi.

Demak, Budjet tuzilishi mamlakatning davlat budjeti va budjet tizimini, uning bo'g'inlari o'rtasidagi o'zaro munosabatlarni tashkil qilish shakllarini, budjet tasnifini, budjet tizimiga kiradigan barcha darajadagi budjetlar faoliyatining huquqiy asoslarini, budjetlar tarkibi va tuzilmasini, budjet mablag'larini shakllantirish va sarflashdagi tartib-qoidalar va boshqalarni belgilab beradi.

Bir qator ilmiy adabiyotlarda davlat byudjetining ijtimoiy-iqtisodiy mohiyatini yoritishda uning:
- iqtisodiy kategoriya sifatida;
- moddiy tushuncha sifatida;
- huquqiy kategoriya sifatida mavjud ekanligi va amal qilishi nazarda tutilgan.

1.1-
1.2-rasm. **Davlat budjetining ijtimoiy-iqtisodiy mohiyati.** [2]

Iqtisodiy kategoriya sifatida davlat byudjeti – davlat bilan yuridik va jismoniy shaxslar o'rtasida mamlakatda yaratilgan yalpi ichki mahsulotning, uning faol qismi bo'lgan milliy daromadning (qisman milliy boylikning) qiymatini qayta taqsimlash yuzasidan kelib chiqadigan pul munosabatlari tizimi bo'lib, ular natijasida iqtisodiyotni, ijtimoiy-madaniy

---
[2] I.Babayev. "Davlat budjeti mohiyati". Darslik. Samarqand-2020.

sohalarni, mudofaa va davlat boshqaruvi ehtiyojlarini moliyalashtirishga mo'ljallangan pul fondi – davlat byudjeti shakllanadi va maqsadga muvofiq tarzda ishlatiladi.

Moddiy tushuncha sifatida davlat byudjeti – markaziy hukumat va tegishli darajadagi mahalliy hokimiyat idoralari faoliyatini ta'minlovchi, ular oldidagi siyosiy, iqtisodiy, ijtimoiy va ekologik vazifalarni bajarishga mo'ljallangan markazlashtirilgan pul mablag'lari fondidir.

Huquqiy kategoriya sifatida davlat byudjeti – markaziy va tegishli mahalliy hokimiyat va ijroiya organlari tomonidan ishlab chiqiladigan va belgilangan tartibda tasdiqlanadigan, markazlashgan pul mablag'lari fondini shakllantirish, taqsimlash va maqsadli ishlatishni ko'zda tutuvchi asosiy moliyaviy reja, yuridik xujjatdir. Yuridik hujjat sifatida O'zbekiston Respublikasida davlat byudjeti qonun hujjatlarida belgilangan tartibda va muddatlarda har moliya yili1 uchun tuziladi, ko'rib chiqiladi, tasdiqlanadi va ijro etiladi. O'zbekiston Respublikasi Byudjet Kodeksining 3-moddasida esa ―davlat byudjeti iborasi ―davlatning davlat vazifalari va funksiyalarini moliyaviy jihatdan ta'minlash uchun mo'ljallangan markazlashtirilgan pul jamg'armasi deb ta'riflanadi. Ushbu ta'rif davlat byudjetining yuqorida sharhlangan moddiy tushuncha sifatidagi mazmun-mohiyatiga mos keladi.

Sodda qilib ta'riflaganda, byudjet - bu tashkilotning (masalan, oila, korporatsiya, hukumat) moliyaviy holati va kelgusi rejalarini, ya'ni daromadlar, xarajatlar rejasi, maqsadlar va natijalar to'g'risidagi ma'lumotlarni o'z ichiga oluvchi hujjat yoki hujjatlar yig'indisi , deb ta'rif berilgan.

Retrospektiv xarakterga ega bo'lgan, ya'ni o'tgan davr ma'lumotlarini aks ettirishga asoslangan buxgalteriya hisobotidan farqli o'laroq, (garchi byudjet ishlab chiqilayotganda byudjetning o'tgan davrdagi daromadlari va xarajatlari ijrosining buxgalteriya hisobi ma'lumotlaridan foydalanilsada) byudjet – kelgusida kutilayotgan daromadlar, xarajatlar va natijalarni ko'rsatuvchi perspektiv hujjat hisoblanadi. Tarixan, byudjet so`zi charm karmon, hamyon, sumka ma'nosini anglatgan. Xususan, ―Britaniya davlatida Xazina kansleri (Moliya vaziri) hukumatning ehtiyojlari va resurslari hajmi aks etgan bayonotini mamlakat parlamentiga charm sumkada taqdim etgan va bu hujjat keyinshalik byudjet nomini olgan.

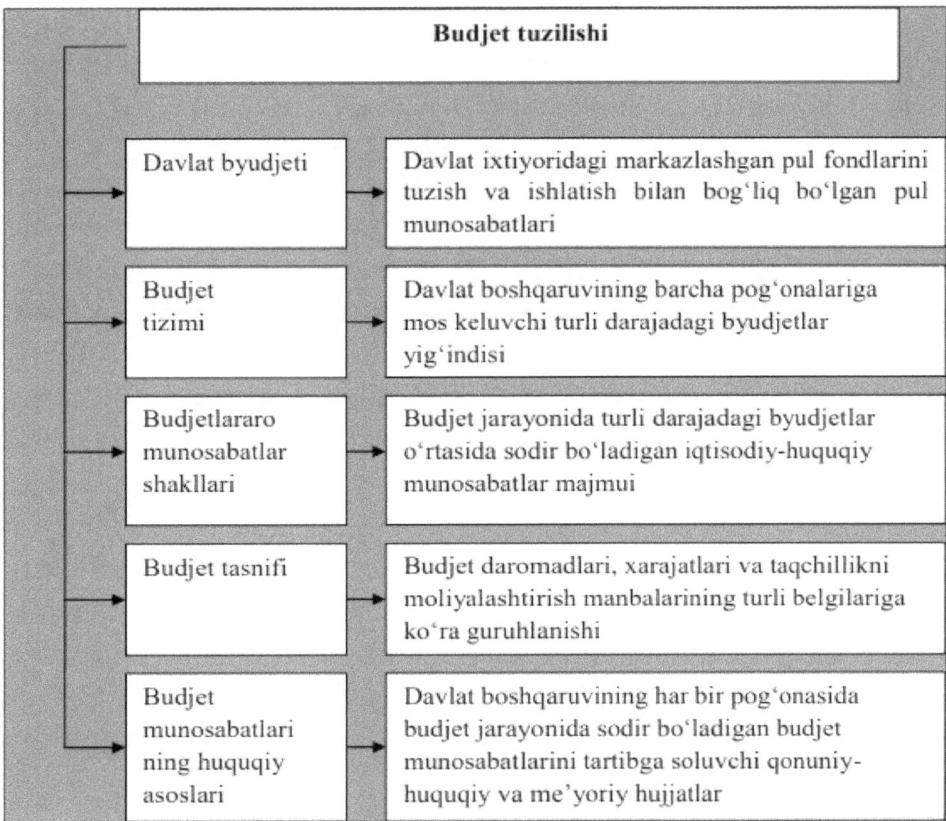

1.3-rasm. **Davlat budjeti tarkibi.** [3]

Unitar (yagona) davlat – bu tarkibidagi ma'muriy-hududiy birliklar (tuzilmalar) o'z davlatchiligiga yoki muxtoriyatiga ega bo'lmaydigan davlat tuzilishidir. Mamlakatda yagona konstitutsiya, hamma uchun umumiy bo'lgan huquq tizimi va yagona hokimiyat organlari, iqtisodiy, ijtimoiy va siyosiy jarayonlarni markazlashtirilgan boshqarish tizimi amal qiladi.

Byudjet jarayonining davomiyligi yuqoridagi to'rt bosqichning barchasidan iborat bo'lib, odatda, uch yilga yaqin davom etadi. Buning bir yilga yaqini byudjet loyihasini ishlab chiqish, uni ko'rib chiqish va tasdiqlashga, bir kalendar yili (1 yanvardan 31 dekabrgacha) byudjetni ijro etishga (byudjet yili) va sakkiz oyga yaqini byudjetning ijrosi to'g'risidagi hisobotni tayyorlashga va uni tasdiqlashga to'g'ri keladi. Byudjet jarayonini boshqarish va nazorat qilishda quyidagi vazifalarning bajarilishi talab etiladi:

muvozanatlashtirilgan bozorga kirib borishda barqaror taraqqiyotga erishish maqsadida maksimal darajada moddiy va moliyaviy rezervlarni qidirib topish;

alohida soliqlar va boshqa to'lovlarning, shuningdek ijtimoiy-iqtisodiy rivojlanish prognozlari va maqsadli dasturlarning samarali bajarilishini ta'minlovchi byudjet daromadlarining umumiy hajmini aniqlash;

---

[3] B.Inamiddinova. J.Xusanov. "Davlat budjeti tushunchasi va uni takomillashtirish tarkibi". Toskent-2018.

byudjetda ko'zda tutilgan umumdavlat ahamiyatiga ega barcha tadbirlarni uzluksiz moliyalashtirish ehtiyojini inobatga olgan holda, byudjet xarajatlari va ularning umumiy hajmini belgilash;

iqtisodiyotdagi inflyatsion tendentsiyalar va pul-kredit nobarqarorligini bartaraf etishga, milliy pul birligining barqarorligini ta'minlashga yo'naltirilgan moliyaviy barqarorlashtirishning umumiy dasturini byudjet bilan muvofiqlashtirish;

iqtisodiy jihatdan maqsadga muvofiq bo'lgan manbalar hisobidan byudjet defitsitiga barham berish yoki uni qisqartirish;

iqtisodiy mintaqalar, xo'jalik sohalari va byudjetlar o'rtasida davlat daromadlarining manbalarini qayta taqsimlash yo'li bilan turli darajadagi byudjetlarni balanslashtirish maqsadida byudjetni tartibga solishni amalga oshirish;

keng masshtabli barcha ijtimoiy-iqtisodiy dasturlarning balansliligi va proportsionalligini ta'minlashga imkon beradigan byudjetni o'rta va uzoq istiqbolga mo'ljallab rejalashtirishning rolini oshirish;

soliq majburiyatlarini bajarishda alohida fuqarolar daromadlari va yuridik shaxslarning moliyaviy faoliyatlari ustidan nazoratni ta'minlash;

zamonaviy elektron-hisoblash texnikalaridan keng foydalanish asosida va moliyaviy hisob-kitoblarning avtomatlashtirilgan tizimini joriy qilish orqali byudjetlarni tuzish va ijro etish jarayonlarini avtomatlashtirish va boshqalar.

Byudjet jarayonini tashkil qilishda quyidagi tamoyillarga rioya qilinadi: yagonalik – yagona huquqiy baza, yagona byudjet tasnifi, O'zbekiston Respublikasi davlat byudjeti va hududlar byudjetlarini tuzishda statistik axborot tuzish uchun zarur bo'lgan byudjet xujjatlari shaklining yagonaligi;

har bir qonun chiqaruvchi va ijroiya xokimiyati organi byudjet jarayonining mustaqilligi - o'z daromad manbalari va ulardan foydalanish yo'nalishlarini belgilash huquqi bilan ta'minlanadi;

balans usuli – jami byudjetlarning daromadlari va xarajatlari o'rtasida, shuningdek, moddiy va moliyaviy ko'rsatkichlar o'rtasida to'g'ri nisbatlarni belgilashni nazarda tutadi.

Byudjet loyihasini tuzish, ko'rib chiqish va tasdiqlash, uni amalga oshiruvchi organlarning vakolatlari va vazifalari Byudjet jarayoni byudjetni rejalashtirishdan boshlanadi. Byudjetni rejalashtirish davlat moliyaviy siyosati talablariga muvofiqlashtirilgan moliyaviy rejalashtirishning muhim tarkibiy qismini tashkil qiladi.

Bunday rejalashtirishning iqtisodiy vazifasi turli darajadagi byudjetlar va byudjetdan tashqari jamg'armalarni tuzish va ijro etish jarayonida mamlakatni ijtimoiy-iqtisodiy rivojlantirishdir.

Davlat byudjetining mohiyati uning iqtisodiy kategoriya sifatidagi funksiyalarida namoyon bo'ladi. Turli davr va turli maktab iqtisodchilari davlat byudjetining funksiyalarini yoritishga turlicha yondoshadilar.

Masalan, T.Malikov, N.Xaydarov hammualliflligidagi —Davlat byudjeti o'quv qo'llanmasida davlat byudjetining funksiyalari quyidagi tarzda bayon qilingan: —Davlat byudjeti moliyaning tarkibiy qismi sifatida, uning boshqa bo'linmalari singari, ikki xil funksiyani bajaradi:

1) taqsimlash;
2) nazorat.

Bu va shu kabi boshqa adabiyotlarni o'rganish asosida, davlat byudjetining amalda namoyon bo'lish shakllarini o'rgangan hamda ko'pchilik iqtisodchi olimlarning fikriga qo'shilgan holda, davlat byudjeti quyidagi asosiy funksiyalarni bajaradi, deyishimiz mumkin

Yalpi ichki mahsulot qiymatini qayta taqsimlash funksiyasi. Davlat byudjeti mamlakatda yaratilgan yalpi ichki mahsulot va uning tarkibiga kiruvchi milliy daromadning qiymatini qayta taqsimlashda o'zining qayta taqsimlash funksiyasi bilan ishtirok etadi. Bunday qayta taqsimlash jarayonlari natijasida yaratilgan YaIMning qiymatidan to'lanadigan soliqlar va soliq xarakteridagi boshqa majburiy to'lovlarning to'lanishi asosida byudjet daromadlari shakllanadi. Byudjet daromadlari davlat markazlashgan moliyaviy resurslarining bir qismi sifatida, davlatning funksiyalarini bajarish uchun sarflanadi. Ular pul mablag'lari jamg'armalarini shakllantirish jarayonida vujudga keladigan iqtisodiy munosabatlarni o'zida ifoda etadi va turli darajadagi hokimiyat organlarining ixtiyoridagi markaziy va mahalliy byudjetlarga kelib tushadi. O'zbekiston Respublikasida har yili davlat byudjeti orqali mamlakat YaIMning 18-20 foizi qayta taqsimlanadi. Davlat maqsadli jamg'armalari bilan birga hisoblaganda esa bu ko'rsatkich bugungi kunda 34-35 foizni tashkil etmoqda. Iqtisodiyotni tartibga solish va boshqarish funksiyasi. Soliqlar va byudjet xarajatlari orqali byudjet iqtisodiyotni tartibga solish, investitsiyalarni rag'batlantirish, ishlab chiqarish samaradorligini oshirishning hal qiluvchi va muhim quroli bo'lib xizmat qiladi. Bunda byudjet mablag'lari hisobidan iqtisodiyotning ilg'or tarmoqlari – aviasozlik, kosmik dasturlar va loyihalar, atom sanoati, energetika va mashinasozlik sanoatlari kabilar qo'llab-quvvatlanadi. Samaradorligi yuqori bo'lgan va o'zini tez qoplovchi loyihalarni davlat tomonidan qo'llab-quvvatlash ham muhimdir. Lekin davlat byudjetining bu funksiyasidan orqada qolayotgan va qoloq ishlab chiqarishlarga moliyaviy yordam berish kabi o'tmishda mavjud bo'lgan va o'zini oqlamagan maqsadlarda foydalanish iqtisodiyotning raqobatbardoshligini ta'minlashga, ishlab chiqarish samaradorligini oshirishga jiddiy putur etkazishini unutmaslik lozim. Davlat byudjetining ijtimoiy funksiyasi. Davlat ijtimoiy siyosatini amalga oshirishda davlat byudjeti katta o'rin egallaydi. Davlatning ijtimoiy kafolatlari doirasidagi xizmatlarni ko'rsatadigan ta'lim, sog'liqni saqlash, fan, madaniyat sohalarini mablag' bilan ta'minlash, aholining kam ta'minlangan qatlamlarini (pensionerlar, nogironlar, bolalar, kam ta'minlangan oilalar) ijtimoiy himoya qilish - ijtimoiy siyosatning ustuvorliklari hisoblanadi. Bundan tashqari, madaniyat sohasi keng ma'nodaiqtisodiy taraqqiyotning muhim komponentlaridan biridir, bu borada jamiyat a'zolarining imkoniyatlarini rivojlantirish taraqqiyotning harakatlantiruvchi kuchi hisoblanadi. Shunday ekan, bu yo'nalishdagi davlat tadbirlarini mablag' bilan ta'minlashda davlat byudjetining ijtimoiy funksiyasi yanada yaqqolroq namoyon bo'ladi. Davlat byudjetining nazorat funksiyasi orqali byudjet daromadlarining shakllanishi, byudjet mablag'larining oqilona va maqsadga muvofiq ishlatilishi, byudjetdan mablag' oluvchilarning moliya-xo'jalik faoliyati, ular tomonidan byudjet qonunchiligiga rioya qilish holati, yalpi ichki mahsulot va milliy daromadning taqsimlanish va qayta taqsimlanish nisbatlari nazorat qilinadi. Bozor 14 iqtisodiyoti sharoitida davlat moliyaviy resurslarining shakllanishi va ishlatilishi ustidan nazoratning zarurligi va ahamiyati yanada ortib bormoqda.

"Public budgeting systems" nomli qo'llanmada: —byudjet hujjatlari aniq yuridik maqomga ega bo'lmasligi ham mumkin. Federal hukumat darajasida byudjet cheklangan yuridik maqomga ega bo'lib, u prezidentning Kongressga taqdim qiladigan rasmiy bayonoti hisoblanadi, lekin u hukumatning keyingi harakatlarini belgilab beruvchi rasmiy hujjat emas , deb ta'riflangan. AQShning rasmiy operativ byudjeti esa bir nechta hujjatlar majmuasidan, xususan, ajratmalar to'g'risidagi qonunlardan (Appropriation Acts) iborat bo'ladi. Aksincha, munitsipal tuzilmalarning merlari tomonidan taklif qilingan mahalliy (munitsipal) byudjetlar munitsipal kengashlar tomonidan rasman qabul qilingan operativ ishchi byudjet sifatida amal qiladi. Boshqa hollarda hukumatning bir qator byudjet hujjatlari mavjud bo'lishi mumkin (yagona byudjet o'rniga). Bu hujjatlar tarkibiga asosiy joriy xarajatlarni aks ettiruvchi operatsion byudjet; yirik qurilish loyihalarini o'z ichiga olgan kapital byudjet; aniq daromad manbalari hisobidan moliyalashtiriladigan dasturlar uchun mo'ljallangan maxsus moliyaviy fondlar. Masalan, maxsus fondlar byudjetlari benzin va avtotransport shinalarini sotishdan tushgan maxsus soliqlar hisobidan shakllanishi va avtomagistrallarni rekonstruktsiya qilish va ularga texnik xizmat ko'rsatish bilan bog'liq dasturlariga yo'naltirilishi mumkin. Yoki boshqa bir misol: baliq tutish va ov qilish uchun litsenziyalardan yig'imlar evaziga shakllanadigan maxsus fondlar oq qilishga mo'ljallangan suv havzalari va hududlarini sog'lomlashtirishga yo'naltiriladi. Byudjet hujjatlarining hajmlari ham xilma-xil bo'lib, odatda, byudjet daromadlariga qaraganda, byudjet xarajatlari to'g'risidagi axborotlarni o'zida aks ettiradi. Byudjetlarning xarajatlar qismi ko'pmaqsadliligi bilan ajralib turadi, shu sababli byudjetni aks ettiruvchi biron bir hujjat byudjetning funksiyalari yoki uning ishlatilish shakllari to'g'risida to'liq xulosa chiqarishga asos bo'la olmaydi. Umumiy jihatdan qaraganda, byudjetlar xarajatlar bayoni sifatida, xarajatlarning tavsilotlari sifatida, ustuvorliklar va maqsadli vazifalar bayoni sifatida qaralishi mumkin.

"Public budgeting systems" nomli qo'llanmada ta'kidlanishicha, davlat sektorida byudjetlashtirish maqsadlar va ularga yetishish uchun zarur mablag'lar o'rtasida bog'liqlikka erishishni nazarda tutadi. Davlat sektoridagi byudjet munosabatlarida qo'llaniladigan mezonlar xususiy sektordagi byudjetlashtirish mezonlaridan bir qadar farq qiladiki, buning asosiy sababi – davlat darajasida byudjet masalalarida qabul qilinadigan qarorlar, xususiy sektordan farqli o'laroq, diqqat markaziga foyda olish va samara ko'rish maqsadlarini qo'ya olmaydi.

Xususiy sektorda esa byudjetlashtirish jarayonining asosiy maqsadi uzoq muddatlidaromadlilik va foydalilikni ko'zlaydi va firmaning uzoq istiqboldagi moliyaviy holatini ta'minlashga qaratiladi. Xorijiy davlatlarda davlat darajasida byudjetlarni tuzish hukumatlarning o'z xatti-harakatlari uchun mas'uliyatlarini oshirish vositasi sifatida yuzaga keldi. Byudjet protseduralari shunday ishlab chiqiladiki, hukumatlar jamoatchilik oldida, ijroiya hokimiyati qonun chiqaruvchi hokimiyat oldida hisobdor bo'ladilar. Federal byudjet defitsiti va davlat qarzining o'sib borishi, ayrim munitsipal byudjetlarning nobarqaror holatlari borasidagi xavotirlik hukumatlarni davlatning uzoq muddatli moliyaviy ahvoli uchun javobgarlikka tortish vositasi sifatida byudjetdan foydalanishni taqozo etdi. Mamlakat fuqarolari tobora ko'proq o'z hukumatlaridan mamlakatdagi moliyaviy ahvol, to'langan soliqlarning sarflanishi va davlatning boshqa dasturlarining moliyaviy ta'minlanishi to'g'risida hisob berishlarini talab qila boshladilar. Bunday sharoitda byudjetni tuzish, uni ommaga e'lon qilish va ijrosi bo'yicha soliq to'lovchilarga hisob berish masalasi byudjet islohotlariga asos bo'lib xizmat qilgan.1 Xulosa qilib aytganda, davlat o'z funksiyalarini bajarishi uchun, shuningdek, taraqqiyotning u yoki bu bosqichida uning oldida turgan strategik maqsadlarni amalga oshirish uchun mamlakatda yaratilgan moliyaviy resurslarning ma'lum bir qismini o'z qo'lida to'plamog'i obyektiv zaruriyatdir. Shu bilan birga, mablag'larni davlat moliyasi orqali qayta taqsimlash ko'lami ko'p jihatdan mamlakat iqtisodiyotining holati va rivojlanish darajasiga, davlatning iqtisodiy jarayonlarga aralashish ko'lamlariga, ijtimoiy sohadagi davlatning majburiyatlari ko'lamiga, aholini davlat tomonidan qo'llab-quvvatlash dasturlarining qamrovliligiga bog'liq. Milliy iqtisodiyotni boshqarish va taribga solishda, ijtimoiy-iqtisodiy rivojlanishni ta'minlashda, har bir davrning ustuvor taraqqiyot vazifalarini muvaffaqiyatli bajarishda davlatning boshqa iqtisodiy instrumentlari qatori, davlat byudjeti ham muhim ahamiyat kasb etadi va ma'lum vazifalarni bajaradi. Lekin bu vazifalarning samarali bajarilishi tegishli byudjet mexanizmining ishlab chiqilishini va samarali ishlashini taqozo etadi.

Davlat moliyasi davlatning markazlashgan pul daromadlarini shakllantirish va ulardan o'z funksiyalarini to'laqonli bajarish maqsadida turli yo'nalishlarda foydalanish bilan bog'liq munosabatlar yig'indisidir. Bu munosabatlarning turlitumanligi asosida davlat moliyasining bir qator aniq tashkiliy shakllari shakllanadi. Bular: •

davlat byudjeti;
davlatning byudjetdan tashqari maqsadli jamg'armalari;

davlat krediti;

davlat korxonalari moliyasi.

Iqtisodiy mazmuniga ko'ra davlat moliyasi – davlatning va uning mulkidagi davlat korxonalarining ixtiyorida moliyaviy resurslarning shakllanishi va kengaytirilgan takror ishlab chiqarish, jamiyat a'zolarining ortib borayotgan ijtimoiy-madaniy ehtiyojlarini qondirish, mamlakat mudofaasi va davlat boshqaruvini ta'minlash bo'yicha xarajatlarning amalga oshirilishi bilan bog'liq bo'lgan, yalpi ichki mahsulotning qiymatini taqsimlash va qayta taqsimlash asosida sodir bo'ladigan pul munosabatlari yig'indisidir. Davlat moliyasi sohasida sodir bo'ladigan pul munosabatlarining subyektlari bo'lib davlat (hukumatning tegishli organlari timsolida), yuridik shaxslar (korxona va tashkilotlar timsolida) va jismoniy shaxslar ishtirok etadilar. 2.3-rasm. Mamlakat moliya tizimining tarkibiy tuzilishi1 Davlat moliyasining iqtisodiy mazmuni bir xilda emas: uning tarkibida alohida bo'g'inlarni ajratib ko'rsatish mumkin, ularning har biri o'ziga xos funksiyalarni bajaradi. Davlat moliyasining tarkibiga quyidagilar kiradi: davlat byudjeti, davlatning byudjetdan tashqari maqsadli jamg'armalari, davlat krediti, davlat korxonalari moliyasi.

Har bir bo'g'inning turlicha funksional tayinlanishga ega ekanligidan davlat keng miqyosdagi iqtisodiy-ijtimoiy xizmatlar ko'rsatadi, tarmoq va hududiy muammolarni hal qiladi.

Davlat moliyasining bosh va markaziy bo'g'ini davlat byudjetidir. Davlat byudjeti – davlatning markazlashgan pul fondi bo'lib, asosan yuridik va jismoniy shaxslarning soliqlari va majburiy to'lovlari evaziga shakllanadi va davlatning turli vazifalari va funksiyalarini moliyaviy ta'minlashga yo'naltiriladi. Davlat byudjeti davlatning qonun kuchiga ega bo'lgan asosiy moliyaviy rejasi hisoblanadi. Byudjet hokimiyatning qonun chiqaruvchi organi tomonidan tasdiqlanadi. Davlat moliyasining ahamiyat jihatdan muhim bo'g'inlaridan yana biri – davlatning byudjetdan tashqari maqsadli jamg„armalari bo'lib, ular jamiyatning ayrim ehtiyojlarini mablag' bilan ta'minlash maqsadida davlat tomonidan jalb qilingan moliyaviy resurslarni taqsimlash va ishlatish shakli hisoblanadi. Bu fondlarning asosiy tayinlanishi maxsus maqsadli ajratmalar va boshqa qator manbalar hisobidan davlatning aniq maqsadli tadbirlarini moliyalashtirishdan iborat. Byudjetdan tashqari maqsadli fondlarning turlari, maqsadli tayinlanishi, ularga egalik qilish huquqi, amal qilish davomiyligi turlicha bo'lishi mumkin. U yoki bu fondni tuzish to'g'risida qaror qabul qilishda davlat va jamiyat taraqqiyoti oldida turgan vazifalarning ustuvorligi muhim ahamiyatga ega. Davlat byudjeti tarkibida konsolidatsiyalashgan fondlar davlat maqsadli jamg'armalari deb ataladi. Bu fondlarning xususiyati shundaki, davlat byudjetida defitsit yuzaga kelganda ularning ijbiy qoldig'i byudjet defitsitini qoplashga safarbar etilishi mumkin. Shuningdek, byudjetdan tashqari fondlarning joriy faoliyatida kassaviy uzilishlar bo'lgan hollarda davlat byudjetidan byudjet dotatsiyalari berilishi yoki boshqa shakldagi moliyaviy yordam ko'rsatilishi mumkin. Davlat krediti – davlat bilan (uning hokimiyat va ijroiya organlari timsolida) yuridik va jismoniy shaxslar, xorijiy davlatlar, xalqaro moliya-kredit tashkilotlari o'rtasidagi muddatlilik, qaytishlilik va to'lovlilik asosida pul mablag'larining harakati bilan bog'liq iqtisodiy munosabatlar yig'indisidir. Bu munosabatlarda davlat qarz oluvchi, qarz beruvchi (kreditor) yoki olingan (berilgan) qarzlar bo'yicha garant (kafil) sifatida ishtirok etadi. Davlat korxonalari moliyasi davlat moliyasining o'ziga xos bo'g'ini bo'lib, bunda u YaIMning birlamchi taqsimotida bevosita ishtirok etadi. Davlat korxonasi ustav kapitalining shakllanishida byudjet mablag'lari, boshqa davlat korxonalarining badallari, markazlashgan fondlar va vazirliklar, mahkamalar, uyushmalar qoshida tuziladigan rezervlari asosiy moliyaviy manba bo'lib xizmat qiladi. Mamlakatning moliya tizimida davlat byudjeti markaziy o'rin egallaydi. Markazlashtirilgan pul fondini shakllantirish orqali davlatning qo'lida katta hajmdagi moliyaviy resurslar to'planadi va ular umumdavlat ehtiyojlarini qondirishga sarf etiladi. Davlat byudjeti umumdavlat anfaatlarini inobatga olgan holda ustuvor yo'nalishlar uchun moliyaviy resurslarni jamlashda asosiy vosita bo'lib xizmat qiladi. Ustuvor yo'nalishlar uchun davlat byudjeti yordamida moliyaviy resurslarni jamlash bir necha usullar yordamida amalga oshirilishi 18 mumkin. Ayrim hollarda, iqtisodiyotning yetakchi tarmoqlarini jadal sur'atlar bilan rivojlanishini ta'minlash maqsadida byudjet ajratmalarining hajmi oshiriladi. Boshqa hollarda esa, o'sha sektorlardan mablag'larni davlat byudjetiga olishda qulay sharoit yaratiladi. Davlat byudjeti iqtisodiyotning alohida tarmoqlarining rivojlanishida asosiy manba rolini ham o'ynashi mumkin. Masalan, ilmiy-texnika taraqqiyoti asosida milliy iqtisodiyotda yangi tarmoq vujudga kelayotgan bo'lsa, uning paydo bo'lishini hozirgi sharoitda byudjetdan moliyalashtirishsiz tasavvur etib bo'lmaydi. Faoliyat ko'rsatayotgan subyektlarning moliyaviy barqarorligini ta'minlashda byudjet katta ahamiyat kasb etadi. Turli obyektiv va subyektiv omillarning ta'siri ostida ayrim subyektlarning o'z moliyaviy resurslari ularning sog'lom faoliyat ko'rsatishi uchun yetarli bo'lmay qolganda chetdan mablag' jalb qilishga ehtiyoj tug'iladi. Bunday sharoitda davlat byudjeti tartibga soluvchi manba sifatida maydonga chiqishi mumkin. Albatta, bunday hollarning barchasida davlat byudjeti mablag'lari subyektlarning o'z manbalari, tarmoq ichidagi resurslar, bank kreditlaridan so'ng oxirgi tartibga soluvchi manba sifatida foydalaniladi. Subyektlar faoliyatini moliyaviy resurslar bilan ta'minlashda davlat byudjetining tartibga soluvchi roli quyidagi ko'rinishda bo'lishi mumkin: moliyaviy resurslarga bo'lgan yangi talabni kelgusi byudjet yilida byudjetning xarajatlari tarkibiga kiritish;   moliyaviy resurslarga bo'lgan qo'shimcha ehtiyojni mavjud byudjet resurslarini bir obyektdan ikkinchisiga o'tkazish yo'li bilan qondirish. Bunday imkoniyatning mavjudligi amaliyotda ayrim subyektlarning o'zlariga taqdim etilgan moliyaviy resurslarni to'liq o'zlashtirishning uddasidan chiqa olmasligi bilan izohlanadi;   qo'shimcha ehtiyojni hukumatning zaxira fondlari hisobidan qoplash va boshqalar. Davlat byudjeti milliy iqtisodiyot korxonalarini texnika vositalari bilan qayta qurollantirishda alohida ahamiyatga ega. Byudjetdan iqtisodiyotga qilinayotgan xarajatlar va markazlashtirilgan investitsiyalarni moliyalashtirish, eng avvalo, ana shu maqsadlarga xizmat qiladi. Ayniqsa, ijtimoiy soha (ta'lim, sog'liqni saqlash, madaniyat va sport, fan, ijtimoiy ta'minot) xarajatlarini moliyalashtirish, oilalarga ijtimoiy nafaqa berish, davlat hokimiyati organlari, boshqaruv va sud organlarini saqlash, fuqarolaming o'z-o'zini boshqarish organlarini moliyalashtirish, mamlakatning mudofaa qobiliyatini mustahkamlash kabi vazifalarning o'z vaqtida bajarilishini ta'minlashda davlat byudjetining ahamiyati beqiyosdir.

1.2 Davlat budjetini tashkil etish va boshqarqarishni mamlakat iqtisodiyoti uchun dolzarbliklari.

Ma'lumki, byudjet qonunchiligini yanada rivojlantirish va takomillashtirish asosida byudjet faoliyatini rivojlantirish davlat moliyasini boshqarish tizimini isloh qilishning asosiy yo'nalishlaridan biri hisoblanadi. 2000 yil 14 dekabrda "Byudjet tizimi to'g'risida"gi O'zbekiston Respublikasi Qonunining qabul qilinganidan beri o'tgan davr mobaynida byudjet tizimi amaliyotida bir qator o'zgarishlar sodir bo'ldi, ular:

– davlat byudjeti ijrosi g'aznachilik tizimining joriy etilishi;

– bir qator davlat maqsadli jamg'armalari va boshqa nobyudjet fondlarining tuzilishi va amal qilishi;

– byudjet tashkilotlarining byudjetdan tashqari qo'shimcha mablag'larni jalb qilish manbalarining kengayishi va ular ustidan nazoratni yaxshilash zarurligi;

– byudjet tasnifi, byudjet hisobi va hisoboti tizimining takomillashuvi;

– yangi tahrirdagi O'zbekiston Respublikasi Soliq Kodeksining qabul qilinishi va amalga kiritilishi va boshqa holatlar bilan bog'liq bo'lib, byudjet qonunchiligini yanada takomillashtirish zarurligini taqozo etdi.

Natijada amaldagi "Byudjet tizimi to'g'risida"gi hamda "Davlat byudjetining g'azna ijrosi to'g'risida"gi O'zbekiston Respublikasi Qonunlarida belgilangan normalar mukammal tarzda qayta ishlangan holda Byudjet Kodeksida o'z aksini topdi.

Byudjet tizimidagi islohotlar doirasida 2014 yildan boshlab amalga kiritilgan yangi Byudjet Kodeksi davlat moliyasini boshqarishning huquqiy asoslarini yanada mustahkamlash, byudjet siyosatining ustuvorliklarini belgilab olish, byudjet mablag'laridan foydalanish samaradorligini oshirish va davlat xizmatlarini taqdim etish sifatini oshirishga qaratilgan.

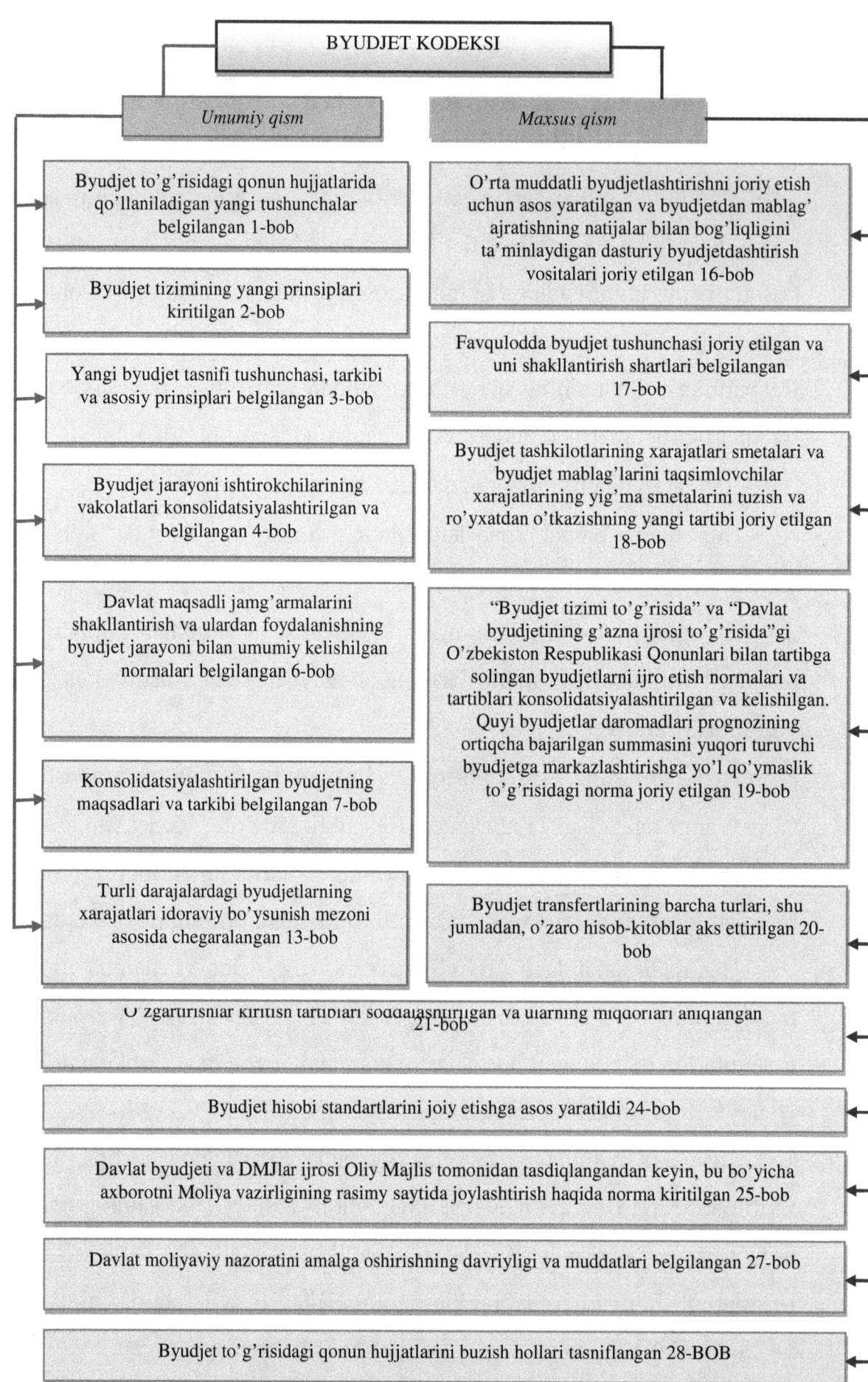

1.4-ram. **Budjet kodeksi tasnifi**

shbu Kodeks O'zbekiston Respublikasining byudjet tizimi byudjetlarini shakllantirish, tuzish, ko'rib chiqish, qabul qilish, tasdiqlash, ijro etish, davlat tomonidan mablag' jalb qilish va byudjet to'g'risidagi qonun hujjatlari ijrosini nazorat qilish sohasidagi munosabatlarni tartibga soladi.

O'zbekiston Respublikasi Byudjet Kodeksi 2013 yil 26 dekabrda qabul qilingan bo'lib, 9 ta bo'lim, 28 ta bob, 192 moddadan iborat. Ushbu Kodeks:

- O'zbekiston Respublikasining byudjet tizimi tuzilishi va uni boshqarish asoslarini;

- O'zbekiston Respublikasining davlat byudjetini tuzish printsiplari va uning tuzilmasini;

- davlat byudjetini tuzish, ko'rib chiqish, qabul qilish va ijro etish tartibini;

- davlat byudjeti va davlat maqsadli jamg'armalari daromadlarini shakllantirish va ularning xarajatlarini amalga oshirish printsiplarini;

- davlat byudjeti tuzilmasiga kiruvchi byudjetlar o'rtasidagi o'zaro munosabatlarni;

- davlat byudjeti mablag'lari bilan operatsiyalarni amalga oshirish jarayonida hisobga olish, hisobot va nazorat qilish tartiblarini belgilab beradi.

Kodeksda byudjet tizimi va byudjet tuzilmasiga kiruvchi byudjetlar tarkibi, davlat byudjetining daromad va xarajatlari tarkibi, respublika va mahalliy byudjetlarning daromadlari va xarajatlari tarkibi va ularning byudjet bo'g'inlari o'rtasida taqsimlash tartiblari, byudjet jarayonini tashkil qilish tartiblari; byudjet taqchilligini moliyalashtirish manbalari, davlat maqsadli jamg'armalari, ularni tashkil qilish va ular mablag'laridan foydalanish tartibi kabilar belgilab berilgan.

Yangi Byudjet Kodeksi byudjet jarayonini xalqaro amaliyot tajribalaridan kelib chiqqan holda tartibga solish, byudjet amaliyotida mavjud bo'lgan ziddiyatlarni bartaraf etish, eskirgan tartib-qoidalarni bekor qilish, byudjet jarayonini tashkil etishdagi me'yorlar, nizomlar va byudjet jarayoni ishtirokchilarining vakolatlarini tizimlashtirish maqsadida ishlab chiqildi.

Byudjet Kodeksining alohida boblarida byudjet tizimi, uning tamoyillari, byudjet tizimini boshqarish organlarining byudjet sohasidagi vakolatlari, byudjet tizimi tarkibiga kiruvchi byudjetlarning daromadlari va xarajatlari kabilar belgilab berilgan.

Xalqaro tajribada Byudjet kodeksi – ma'lum bir mamlakat byudjet tizimining asoslarini, uning tuzilishi, umumiy printsiplarini, turli darajadagi byudjetlar va ularning vakolatlarini, byudjet jarayoni asoslari va byudjetlararo munosabatlarni, byudjet qonunchiligini buzganlik uchun javobgarlik choralarini belgilovchi qonun hujjati hisoblanadi. O'zbekistonda mazkur Kodeks mamlakatimizning mustaqillik davridagi qonunchilik faoliyatida qabul qilingan o'n oltinchi kodeks bo'lib, u ko'pqirrali moliyaviy munosabatlarni tartibga solishga xizmat qiluvchi Bojxona va Soliq kodekslaridan keyin qabul qilingan byudjet-moliya sohasiga taalluqli bo'lgan uchinchi kodeksdir.

1.1-jadval

MDH davlatlarida Byudjet kodeksining mavjudligi to'g'risida ma'lumot

№	MDH davlatlari	Byudjet kodeksining mavjudlik holati
1.	Armaniston	mavjud emas
2.	Belorussiya	mavjud, 16.07.2008 yilda qabul qilingan
3.	Moldaviya	mavjud emas
4.	Ozarbayjon	mavjud emas, loyihasi ustida ishlanmoqda
5.	Rossiya	mavjud, 31.07.1998 yilda qabul qilingan
6.	Tojikiston	mavjud emas
7.	Turkmaniston	mavjud emas, loyihasi ustida ishlanmoqda

8.	Ukraina	mavjud, 21.06.2001 yilda qabul qilingan
9.	Qozog'iston	mavjud, 04.12.2008 yilda qabul qilingan
10.	Qirg'iziston	mavjud emas, loyihasi ustida ishlanmoqda
11.	O'zbekiston	mavjud, 26.12.2013 yilda qabul qilingan

Yuqorida sanab o'tilgan barcha o'zgartirishlar va yangiliklar ilg'or xalqaro tajribani o'rganish asosida joriy etilgan bo'lib, ularda mamlakatimiz byudjet tizimining samaradorligi hamda ochiq-oydinligini yanada oshirish ko'zda tutilgan. Davlat moliyasini boshqarish masalalari iqtisodiyot va moliya nazariyasida markaziy o'rinni egallaydi. Iqtisodiyotni va davlat moliyasini boshqarishdagi muammolar shundan iboratki, bozor xo'jaligi o'zini o'zi tartiblovchi va rivojlantiruvchi tizim (bozorning "ko'rinmas qo'li") bo'lishiga qaramasdan, hech qachon davlat aralashuvisiz samarali ishlamagan. Tarixiy taraqqiyotdan ma'lumki, umuman olganda, kapitalistik bozor xo'jaligining yuzaga kelishi faol davlat aralashuvi bilan birga sodir bo'lgan. Masalan, 1563-yilda ingliz qirolichasi Yelizaveta I milliy baliqchilikni qo'llab-quvvatlash va unga bo'lgan talabni oshirish maqsadida o'z xizmatkorlariga haftasiga 2 marta go'sht mahsulotlarini iste'mol qilishni ta'qiqlagan[4]. 1666-yilda esa Angliyada jun mahsulotlarini sotish bilan bog'liq qiyinchiliklarni tugatish uchun bir qator tadbirlar amalga oshirildi. Xususan, dafn etilayotgan marhumlarni jun matodan bo'lgan liboslarda dafn etish majburiy qilib qo'yildi. Bu qonunni buzganlarga 5 funt-sterling miqdorida jarima belgilandi.

Aksariyat hozirgi zamon iqtisodchi-olimlarining fikricha, bozorning "ko'rinmas qo'li" davlatning "ko'rinadigan qo'li" bilan to'ldirilib turilishi kerak. Bu borada kelishmovchiliklar, qarama-qarshi fikrlar yuzaga kelishining sababi – bu aralashuvning qay darajada bo'lishi bilan bog'liq, lekin davlatning tartiblovchi prinsipi asosan ko'pchilik olimlar tomonidan

---

[4] Экономическая история зарубежных стран: учебное пособие / Т.М.Тимошина; под ред. проф. М.Н.Чепурина. – 9-ое изд., стер. – М.: Юстицинформ, 2013. -504 стр.

e'tirof etilmoqda. Bunday yakdillikning asosiy sababi shundaki, olimlarning fikriga ko'ra, bozor o'z-o'zidan mavjud iqtisodiy va ijtimoiy muammolarning barchasini hal qila olmaydi. Misol uchun, monopoliya sharoitida o'z-o'zini tartiblash raqobatni rivojlantira olmaydi, bu esa tovarlar ma'lum turlari narxining oshishiga olib keladi va natijada aholi daromadlari iqtisodiyotning alohida bir sektorida ushlanib qoladi. Bunday hollarda bozor mexanizmi samarasiz ishlay boshlaydi va iqtisodiy tanglik davrida iqtisodiyotni barqarorlashtirishda bozor mexanizmi sust qatnashadi. Shuning uchun, iqtisodiyotni tartiblovchi qo'shimcha mexanizmlarni ishlab chiqish ehtiyoji tug'iladi. Ana shunday mexanizmlardan biri - bu davlatning iqtisodiyotni tartiblovchi unsurlari – dastak va vositalaridir. Ana shu dastak va vositalar ichida davlat byudjeti asosiy o'rinni egallaydi. Davlat byudjeti davlatning qo'lidagi iqtisodiyot va ijtimoiy jarayonlarni boshqarish va tartibga solish quroli bo'lish bilan birga, iqtisodiy kategoriya sifatida muayyan iqtisodiy munosabatlar yig'indisini tashkil etadi, bu munosabatlarni boshqarish davlat byudjetini va, umuman, mamlakat byudjet tizimini boshqarishda namoyon bo'ladi.

Byudjet tizimini boshqarish quyidagilarni nazarda tutadi:

– byudjet tizimining asosiy tamoyillariga amal qilgan holda byudjet munosabatlarini boshqarish;

– barcha darajadagi byudjetlarni shakllantirish, ko'rib chiqish, qabul qilish, ijro etish jarayonlarini boshqarish;

– byudjet jarayonida ishtirok etuvchi subyektlar, organlar va byudjet mablag'larini oluvchilar faoliyatini boshqarish.

Byudjet tizimini boshqarish ham boshqarish kategoriyasining barcha funksiyalarini bajaradi, ular orqali byudjet tizimini boshqarish oldidagi maqsad va vazifalar amalga oshiriladi. Bu funksiyalar: rejalashtirish, tashkil etish, muvofiqlashtirish, nazorat va rag'batlantirish.

Byudjet tizimini boshqarish tushunchasi subyektiv tushuncha bo'lib, u alohida vakolatli organlar tomonidan amalga oshiriladi, ularning vakolatlari O'zbekiston Respublikasi Byudjet Kodeksi, tegishli boshqaruv organlari Nizomlari va boshqa me'yoriy-huquqiy hujjatlar bilan belgilab berilgan.

Davlat byudjetini tashkil etish va boshqarish bir necha sabablarga ko'ra mamlakat iqtisodiyoti uchun hal qiluvchi ahamiyatga ega:

1. Resurslarni taqsimlash: Davlat byudjeti sog'liqni saqlash, ta'lim, infratuzilma va mudofaa kabi turli sohalarda davlat resurslari qanday taqsimlanishini belgilaydi. Resurslarni samarali taqsimlash iqtisodiy o'sish va rivojlanishga olib kelishi mumkin.

2. Fiskal siyosat: Davlat byudjeti soliq siyosatini amalga oshirishning asosiy vositasi bo'lib, u soliqqa tortish, xarajatlar va qarzlar bo'yicha hukumat qarorlarini o'z ichiga oladi. Samarali soliq-byudjet siyosati iqtisodiyotni barqarorlashtirish, inflyatsiyani nazorat qilish va barqaror iqtisodiy o'sishga yordam beradi.

3. Investitsiyalar va infratuzilma: Davlat byudjetini to'g'ri boshqarish yo'llar, ko'priklar va jamoat transporti kabi infratuzilma loyihalariga sarmoya kiritish imkonini beradi. Bu investitsiyalar mahsuldorlikni oshirish, ish o'rinlari yaratish va xususiy sektor investitsiyalarini jalb etish imkonini beradi.

4. Qarzni boshqarish: Davlat budjetida davlat qarzini boshqarish bo'yicha bandlar ham mavjud. Qarzni oqilona boshqarish mamlakatning qarz darajasi barqaror bo'lib qolishi va kelajak avlodlar uchun og'irlik bo'lib qolmasligi uchun zarurdir.

5. Ijtimoiy ta'minot: Davlat byudjeti sog'liqni saqlash, ta'lim va ijtimoiy ta'minot kabi ijtimoiy ta'minot dasturlarini moliyalashtiradi. Ushbu dasturlar qashshoqlikni kamaytirish, ijtimoiy tenglikni ta'minlash va inson kapitalini oshirishda hal qiluvchi rol o'ynaydi, bularning barchasi uzoq muddatli iqtisodiy o'sish uchun muhimdir.

Shuni ta'kidlash joizki, davlat budjetini tashkil etish va boshqarish soliq intizomini saqlash, iqtisodiy barqarorlikni ta'minlash va mamlakatda barqaror iqtisodiy rivojlanishni ta'minlash uchun muhim ahamiyatga ega.

II BOB. DAVLAT BUDJETIDA SOLIQ SIYOSATINI TASHKIL ETISH.
2.1 Davlatning budjet-soliq siyosati tamoyillari.

Soliq siyosatini ishlab chiqishda va takomillashtirishda faqat daromadlarni oshirishi natijalari samarali hisoblanadi. Soliqlarni undirish va soliqlarni samarali yig'ilishiga erishish uchun o'ziga xos xususiyatidan qat'i nazar ma'lum umumiy omillar mavjud bo'lishi kerak. Biz ushbu bobda har qanday qayta shakllantirilgan soliq tizimida mavjud bo'lishi kerak bo'lgan umumiy omillar muhokama qilinadi. Ushbu omillar ko'pincha soliq siyosatining "asosiy usqurtmalari" deb nomlanadi. Soliq siyosatining asosini yaratish uchun boshlang'ich nazariyasi odatda Adam Smitning 1776-yilda yozilgan "Xalqlar boyligining tabiati va sabablari to'g'risida so'rov" asaridan olingan bo'lsa-da, ushbu dastlabki asosiy usqurtmalari bo'linib, yanada zamonaviy shakllari aniqlanib kengaytirildi. Hozirgi kundagi iqtisodiyotdagi o'zgarishlarga va globallashuvga moslashtirildi. Iqtisodiy rivojlanishga qaramay, ushbu asosiy usqurtmalari tasniflanishi mumkin bo'lgan hali ham asosiy jarayon hisoblanadi. Bular:
– soliq tizimining adolatliligi;
– soliq tizimining iqtisodiy samaradorligi;
– soliq tizimini boshqarish;
– soliq tizimining izchilligi (ichki va global miqyosda).

Eng sodda shaklda soliq siyosati turli xil tashqi ta'sir va omillar ta'sirida soliqqa tortishning "adolatliligi" ga erishishga harakat qiladi.

Soliq siyosatida adolatni aniqlash mezonlari Soliq tizimidagi adolatga nisbatan an'anaviy fikrlash "foyda" va "to'lov qobiliyati" tamoyiliga bog'liq. Ushbu ikkala tushuncha ham boshqa tushunchalar bilan chambarchas bog'liqdir. Eng sodda shaklda "tenglik" soliq tizimidagi "adolat" haqida. Bu madaniyat, siyosiy ta'sir va qayta taqsimlashning ahamiyati kabi boshqa ko'plab soliqqa tortilmaydigan omillarga bog'liq bo'lgan umumiy tushunchadir. Imtiyoz prinsipi barcha shaxslarga davlat tovarlari va xizmatlaridan olinadigan imtiyozlarga muvofiq ravishda o'zlarining soliqlarini to'lashlarini taklif qiladi. Bu boradagi qiyinchilik – olingan "foyda"ni o'lchashdir. Davlat tomonidan taqdim etiladigan ko'plab funksiyalar, ular qo'shgan yoki qo'shmaganligidan qat'i nazar, davlatning barcha shaxslariga xizmat qiladi. Shuning uchun bu tamoyil, odamlar o'zlarining to'lov qobiliyatiga mos ravishda o'zlarining hissalarini qo'shib, barchaga davlat tomonidan taqdim etiladigan jamoaviy imtiyozlardan foydalanish imkoniyatiga ega bo'lishlari asosida izohlanadi. To'lov qobiliyatining ushbu konsepsiyasi quyidagicha ta'riflanishi mumkin:
– soliqlarning iqtisodiy prinsipi,
– soliqlar teng bo'lishi kerakligi,

– soliq to'lovchining yuki uning boshqa soliq to'lovchilarga nisbatan ushbu yukni optimallashtirish uchun iqtisodiy imkoniyatlarini aks ettirishi kerak degan nazariyaga asoslanadi.

An'anaga ko'ra daromad solig'i to'lovchining to'lov qobiliyatini asosiy o'lchovi deb hisoblanadi. Shu bilan birga, ushbu maqsadlar

uchun iqtisodiy jarayonning iste'mol va sof qiymat kabi muqobil o'lchovlaridan ham foydalanish mumkin. Ushbu prinsip, xususan, progressiv soliq stavkalari, kapitalga soliqlar kiritish, yosh va nogironlik nafaqalari kabi turli xil imtiyozlar uchun dalil sifatida ishlatiladi. Garchi bu foyda olish prinsipiga mos kelmasa ham, ikkalasi shubhasiz bir-biriga to'g'ri kelishi mumkin. Biroq, ushbu konsepsiya to'lov qobiliyatini o'rganishi lozim bo'lgan davrga nisbatan tez-tez tanqid qilinadi. Sof shaklda to'lov qobiliyati soliq to'lovchining faoliyati davomida aniqlanishi kerak, ammo bu boshqaruv nuqtayi nazaridan aniq amaliy hisoblanmaydi. Konsepsiyaning soliq siyosatiga tatbiq etilishi odatda belgilangan soliq davriga tegishli. To'lov qobiliyatini ikkita asosiy elementga, ya'ni gorizontal va vertikal kapitalga murojaat qilish bilan ham ko'rib chiqish kerak.

Gorizontal kapital «yakka tartibdagi kapital prinsipining bir varianti, xuddi shunday joylashtirilgan soliq to'lovchilar shunga o'xshash soliq tartibini olishlari kerak, masalan: bir xil miqdordagi daromad yoki kapital ishlab topgan soliq to'lovchilarga xuddi shunday soliq solinishi kerak ». Daromadning o'xshash shakllarini taqqoslashda gorizontal kapital osongina tushuniladi. Masalan, bir xil maosh oladigan ikki shaxs bir xil soliqqa tortilishi kerak. Daromad yoki kapitalni qadrlashning turli shakllarini ko'rib chiqish zarur bo'lganda katta murakkablik paydo bo'ladi. Iqtisodiy daromad kapitalning realizatsiya qilinmagan o'sishini joriy ish haqidan olinadigan daromad bilan bir xil deb hisoblaydi. Bundan tashqari, gorizontal kapitalga erishish uchun olingan passiv daromadga naqd ish haqi singari soliq solinishi kerak. Soliqni loyihalashda passiv daromad manbalari ko'pincha mehnatdan olinadigan daromadga imkon bermaydigan yengillikka duch keladi va shu bilan gorizontal tenglikka erishilmaydi. Ushbu tenglik shakli intuitiv va aksariyat hollarda kuzatiladigan hisoblanadi. Ko'rinib turadigan adolat shakli sifatida gorizontal tenglikka erishilmaslik nomuvofiqlik darajasini yuqoriroq darajaga ko'tarishi mumkin. Kapital tushunchasining qiyinligi shundaki, soliq tizimlari har yili kapitalning ko'rinadigan dalillarini taqdim etadi, aksincha haqiqiy kapital faqatgina bir davrda emas, balki butun hayoti davomida insonning iqtisodiy daromadlarini hisobga olgan holda erishish mumkin. His etilayotgan tengsizlik aslida keyinchalik soliqqa tortish yo'li bilan (masalan, faqat realizatsiya qilish uchun olinadigan soliqlar yoki mol-mulk solig'i kabi) yoki soliqqa tortishning "iqtisodiy holatini" to'g'ri aniqlash yo'li bilan hal qilinishi mumkin. Soliq solishning "hodisasi" deganda, yakunda jismoniy shaxs to'lashi kerak bo'lgan soliq miqdori tushuniladi. Bunga xayoliy shaxsdan olinadigan korporativ soliqqa tortish misol bo'la oladi.

Soliqlarning iqtisodiy mohiyatiga kelsak, soliq yuki oxir-oqibat boshqa shaxslarga tushadi, masalan, kapital egalari, xodimlar va mijozlar.

Vertikal kapital, gorizontal kapitaldan farqli o'laroq, quyidagicha ta'riflanishi mumkin: har xil joylashtirilgan soliq to'lovchilarga har xil munosabatda bo'lish kerak degan shaxsiy kapital prinsipining bir varianti, masalan, ko'proq daromad yoki kapitalga ega bo'lgan soliq to'lovchilar ko'proq soliq to'lashlari kerak. Bu turli xil iqtisodiy sharoitlarda soliq to'lovchilarga nisbatan soliqqa tortish tartibi o'rtasida "tegishli" farqlar bo'lishi kerak degan taklifni keltirib chiqaradi. Ushbu prinsip soliqni progressiv stavkalarda qo'llash asosi yotadi (IBFD lug'ati). Vertikal kapital soliqlarning regressiv, mutanosib yoki progressiv ekanligini to'g'ridan to'g'ri ko'rib chiqadi. Odatda, regressiv soliqlardan qochish kerak, chunki bular kam va o'rta daromadli oilalarga ko'proq yuk keltiradi, chunki ularning daromadlarining katta qismi soliqqa tortiladi. Biroq, regressiv soliqlar darhol inobatga olinmasligi kerak, aksincha mahalliy soliqlarning umumiy regressivligini yoki progressivligini aniqlash uchun soliqlar tarkibida ko'rib chiqilishi kerak. Regressiv soliqlarga misol sifatida mol-mulk solig'i, aksiz solig'i va qo'shilgan qiymat soliqlari kiradi. Proporsional (yoki tekis) soliqlar, bir qarashda, soliq solishning eng adolatli shakli bo'lib tuyuladi, chunki har bir qo'shimcha pul birligi uchun ushbu qo'shimcha birlikning bir xil ulushi soliqqa tortiladi. Biroq, mutanosib soliqni qo'llash butunlay soliq olinadigan soliq bazasiga bog'liq. Soliq bazasi soliqni regressiv yoki progressiv ravishda keltirishi mumkin. Progressiv soliqlar (masalan, daromad solig'i) yuqori darajadagi daromadlar uchun soliq stavkalarining ko'payishiga olib keladi va soliq yukini boylikni qayta taqsimlash vositasi sifatida yuqori daromad oluvchilar zimmasiga yuklaydi. Barcha davlatlar regressiv va progressiv soliqlar aralashmasidan foydalanishga moyil. Shu bilan birga, har bir soliqdan olinadigan daromad darajasi hisobga olinishi kerak. Agar regressiv soliqlar soliq tushumining asosiy qismini tashkil qilsa, umumiy tizim regressiv bo'lishi mumkin va daromad solig'i kabi progressiv soliqlar bilan regressiv tabiatni yengib o'tish chegarasi mavjud. Regressiv soliqlarni yengish uchun progressiv soliqning yagona shakliga haddan tashqari bog'liq bo'lish yuqori daromad oluvchilarning nomuvofiq xatti-harakatlariga olib kelishi mumkin. Qolgan regressiv tabiatni progressiv soliqlar bilan muvozanatlashtirib, davlat bunday soliqlarning regressiv xususiyatini minimallashtirishga urinishi yaxshiroq bo'lar edi. Soliq regressivligini kamaytirish uchun turli xil usullardan foydalanish mumkin, masalan, kam daromadli uy xo'jaliklari uchun soliqqa qarshi chegirmalar, imtiyozlar yoki boshqa shakllari, soliq imtiyozlari va boshqa yengilliklar. Odatda, yashash uchun zarur bo'lgan daromad va tovarlar kambag'allarga bosimni yengillashtirib yoki soliqqa tortilmasligi kerak. Tenglikka erishishning yana bir mexanizmi – bu transfertlar (masalan, ijtimoiy grantlar). Soliq bazalaridan olinadigan soliqlardan moliyalashtiriladigan bunday o'tkazmalar boylikdan kambag'allarga boylikni qayta taqsimlashni anglatadi. Albatta, tizimda transfertlarning mavjudligi davlat xarajatlari va shu kabi transfertlarni qondirish uchun yetarli daromad bazasini taklif qiladi. Shu bilan birga, transfertlarni kapital tahlilidan chiqarib tashlash, soliqqa tortish maqsadida kapital to'g'risida to'liq tushuncha bermaydi.

Soliq tizimining asosi – bu soliq undirishning amaldagi va anglangan qonuniyligi. Davlatda har qanday soliqni qonunchilik bilan belgilashda erkin bo'lsa-da, ushbu davlatga aloqasi bo'lmagan soliqlar umuman bajarilmaydi va ehtimol tengsiz bo'ladi.

Ushbu tushunchalarni soliq to'lovchilar o'rtasida tenglik nuqtayi nazaridan ko'rib chiqadigan bo'lsak, millatlararo tenglik davlatlar o'rtasida soliq huquqining taqsimlanishiga taalluqlidir. Xalqlararo tenglik masalasiga, xususan, rivojlangan va rivojlanayotgan davlatlar o'rtasida soliqqa tortish huquqlarini taqsimlashda progressivlikni rag'batlantirish maqsadida davlatlar o'rtasidagi vertikal tenglik konsepsiyasiga ma'lum darajada kam e'tibor berildi. Albatta, soliq huquqlarini taqsimlashda soliqqa tortish huquqini talab qiladigan davlatga bog'liqlik paydo bo'lishi kerak. Xuddi shunday, davlatlar o'rtasidagi soliq raqobati masalalari tengsizlikka olib kelishi mumkin, masalan, korporativ soliq stavkalari bo'yicha "pastgacha poyga" deb nomlangan. Ammo, boshqa hollarda, ular ma'lum bir davlatning iqtisodiy mavqeiga qarab oqlanishi mumkin. Muntazam ravishda mintaqaviy organlar o'zlarining a'zo davlatlari boshqa a'zo davlatlar uchun zararli bo'lgan soliq raqobatiga kirishmasliklarini buyuradilar.

Soliq siyosati uchun iqtisodiy samaradorlik tushunchasi Soliq tizimidagi iqtisodiy samaradorlik soliq tizimining betarafligi, soliq tizimining barqarorligi, soliq tizimining soddaligi, resurslardan to'g'ri foydalanish (mahsuldorlik) va davlat faoliyatini moliyalashtirish uchun yig'ilgan soliqlarning yetarliligi tushunchalariga tegishli. Asosan, "samaradorlik" soliqqa tortishning iqtisodiy xattiharakatlariga ta'sir qilishi va yuzaga kelishi mumkin bo'lgan buzilishlar va muayyan davlatning ijtimoiy maqsadlariga erishishda ushbu ta'sirlarni va buzilishlarni minimallashtirishga urinish orqali olib keladigan jamiyat uchun xarajatlarni anglatadi.

Soliqning betarafligi shuni anglatadiki, soliq biron-bir operatsiya yoki sarmoyaga nisbatan hech qanday ustunlik yoki kamchilik yaratmasligi kerak. Ushbu betaraflik tushunchasi ichki tomonga qarab (kapital importi neytralligi, investitsiyalarning rezidenti bo'lishidan qat'i nazar, investitsiyalar bir xil soliqqa tortilishini anglatadi) va tashqi ko'rinishga (kapital eksporti neytralligi, investitsiyalar doirasida yoki mamlakat tashqarisida rezidentlar uchun bir xil soliqlar qo'llaniladi) qarab istiqbolini belgilaydi.

Buzilishlarga yo'l qo'ymaslik, yuqori soliqqa tortiladigan faoliyatdan past darajalarda soliqqa tortiladigan faoliyatga o'tishni oldini oladi. Samaradorlik, soliq siyosati mamlakatda resurslardan unumli foydalanishga ta'sir qilish orqali iqtisodiyotga soliqni keltirib chiqarishi mumkin bo'lgan har qanday buzilishlarni minimallashtirishni ta'minlashni talab qiladi. Soliq imtiyozlari soliq tizimining buzilish tomonlarining tabiiy namunasidir. Rag'batlantirish maqsadli sektorga bozor signallarini yuboradi, natijada resurslarning potensial samarasiz taqsimlanishi va samaradorlikka ta'sir qilishi mumkin . Neytrallikka erishish uchun soliqning bunday ko'rinishi elementlarini minimallashtirish yoki yo'q qilish kerak.

Soliq tizimidagi barqarorlik soliq to'lovchilar uchun aniqlikni keltirib chiqaradi va muvofiqlik xarajatlarining ortiqcha o'sishini oldini oladi. Agar soliq tizimi muntazam ravishda o'zgartirilsa (soliq qonunchiligidagi har yilgi kichik o'zgarishlar haqida emas, balki kattaroq o'zgarishlar to'g'risida), barqarorlikning yo'qligi tijorat operatsiyalari va investitsiyalar uchun salbiy oqibatlarni keltirib chiqarishi mumkin.

Oddiylik Soliq tizimidagi soddalik barqarorlik va betaraflik bilan ishlaydi. Soliq tizimlaridagi murakkablik odatda qochish xatti-harakatlarini qo'zg'atadi, chunki tizim qanchalik murakkab bo'lsa, daromadlarni soliqqa tortishda tengsizliklar ehtimoli shunchalik katta bo'lib, buzilish effektlari va yuqori xarajatlarga olib keladi. Biroq, soddalik va betaraflik ko'pincha majburiy ravishda taslim bo'ladi. Soliq tizimlarining tabiiy murakkabligi mavjud, chunki har xil soliqlar interfeysi turli xil asoslarga, amaldagi stavkalar va qoidalarga ega va oldini olish choralariga qarshi bir qator chora-tadbirlarga ega. Ko'p soliqlar, albatta, murakkablikni keltirib chiqarsa-da, bir soliqqa haddan tashqari ishonishning oldini olish orqali barqarorlikni oshiradi . Masalan, davlat tabiiy resursga nisbatan oddiy resursdan ijara haqidan yetarlicha soliq tushumini olganida yuzaga keladi. Agar ushbu resurs to'satdan bozor uchun jozibador bo'lmay qolsa yoki tugab qolsa, oddiy soliq tizimida daromadlarni tezda boshqa mavjud soliqlarga o'tkazadigan mexanizm mavjud emas. Soliq tizimidagi murakkablik soliq tizimining muvofiqlik xarajatini va ma'muriyligini oshiradi. Murakkablik to'g'ridan to'g'ri iqtisodiy samaradorlikka ta'sir qilishi mumkin va uning bajarilishiga ta'sir etadi. .

Oddiylik, shuningdek, ikkita kontekstda ko'rib chiqilishi mumkin, ya'ni (I) qo'llaniladigan soliqlarning soddaligi (masalan, soliq qonunchiligidagi qonuniy ishonch); va (II) qonunchilikka rioya etilishining soddaligi (masalan, oldindan to'ldirilgan soliq deklaratsiyalari, soliq organlari va boshqa davlat organlari o'rtasida shaffoflik va erkin axborot oqimi).

Iqtisodiy samaradorlikni oshirishda soliqlar oxir-oqibat samaradorlikka sarflanadigan xarajatlar nuqtayi nazardan ham hisobga olinishi lozim. Soliqlar iqtisodiyot uchun "o'lik vazn xarajatlari" deb nomlanuvchi real xarajatlarni yaratadi (ya'ni, soliqni oshirilganda narx oshishi natijasida xarajatlarning ko'payishi bilan ta'minotning qisqarishiga olib keladi). Albatta, o'lik vazn yo'qotishlarni kamaytirish mumkin. Talab egiluvchan bo'lmagan taqdirda, tegishli tovarlarga nisbatan yuqori soliq stavkalari olinishi mumkin, chunki soliq stavkasi yuqori bo'lishiga qaramay talab oʻzgarmasdir. Aksincha, talab yuqori darajada elastik boʻlsa, oʻlik vazn yoʻqotishlarini minimallashtirish uchun soliq stavkalari pastroq boʻlishi kerak.

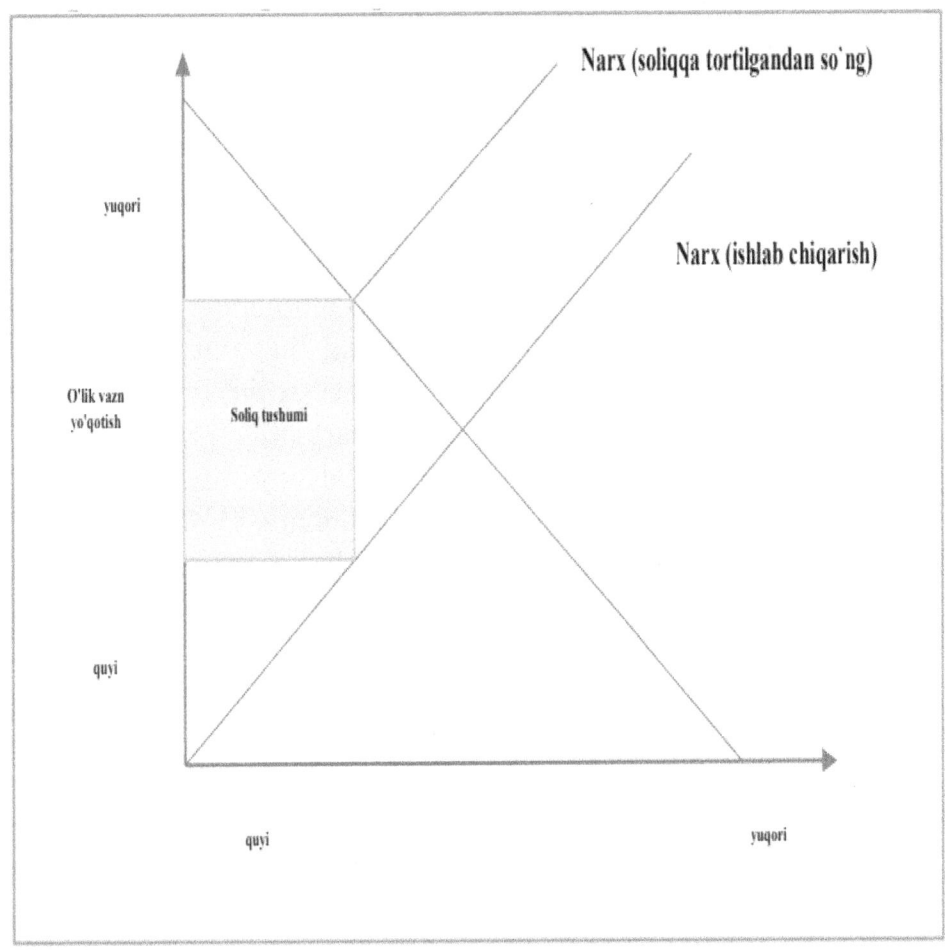

1.1-Rasm. **Soliq toʻlovlarini budjet samaradorligi**

Oʻlgan vazn yoʻqotishlarini bunday minimallashtirish, tabiiyki, rivojlanayotgan iqtisodiyotda, boylikning tengsizligi sharoitida, noelastik talabga ega boʻlgan tovarlar ham kam daromadli, ham yuqori daromadli shaxslar tomonidan isteʼmol qilinadigan tovarlar boʻlsa, tenglik tushunchasiga zid boʻlishi mumkin. Bunday noelastik talabga ega boʻlgan tovarlarga yuqori soliq stavkalari kam taʼminlanganlarga ortiqcha yukni yuklaydi va regressivlikni aks ettiradi. Har bir fuqaro uchun samarali ravishda soliqlarni toʻlash muhim boʻlsa-da, tengsiz jamiyatlarda tenglik tushunchasi yetarlicha rivojlangan iqtisodiyotlarga qaraganda muhim rol oʻynashi mumkin. Bu 1.1-rasmda tasvirlangan boʻlib, oʻrta uchburchak oʻlik vazn yoʻqotilishini anglatadi. Ushbu diagramma tasvir samaradorlikning asosiy masalasini, yaʼni bozor reaksiyasini toʻgʻrilashga hukumat aralashuvini yanada O'lik vazn yo'qotish yuqori quyi Narx (soliqqa tortilgandan so`ng) quyi yuqori Soliq tushumi Narx (ishlab chiqarish) koʻproq aks ettiradi. Soliqlar koʻpincha xatti-harakatlarni oʻzgartirish uchun yoki investitsiya (ragʻbatlantirish tizimlarini qoʻllash orqali) kabi ba'zi bir faoliyatni rag'batlantirish yoki boshqalarning ruhini tushirish, masalan, tamaki va alkogoldan foydalanish (yuqori aksiz solig'i yordamida). Soliqlar tabiiy ravishda iqtisodiyotga to'g'ri ta'sir etadi, ammo ba'zilari iqtisodiyotning tartibini buzib yuboradi (ko'pincha "Tushunarsiz soliqlar" deb nomlanadi). Tushunarsiz soliqlar ma'lum bir xatti-harakatni rag'batlantirish uchun qasddan buzilishdir. Masalan, uglerod chiqindilariga solinadigan soliqlar ushbu chiqindilarni ishlab chiqaradigan faoliyatni to'xtatishga qaratilgan. Bunday soliqlar daromad olish uchun mo'ljallanmagan va nazariy jihatdan cheklangan umr ko'rishlari kerak. Ya'ni, agar ular to'liq muvaffaqiyatli bo'lsa, soliq orqali boshqa daromad olinmaydi (chunki xatti-harakatlar o'zgarishi amalga oshiriladi). Hosildorlikka bevosita ta'sir ko'rsatadigan qo'shimcha xarajatlar tarkibiga ma'muriy xarajatlar (soliqni haqiqiy yig'ish va daromadlar tarkibini boshqarish xarajatlari) ham, to'g'ri xarajatlar (soliq to'lovchining soliq qonunchiligiga rioya qilish uchun sarflangan xarajatlari) kiradi.

Soliqqa tortish bilan bog'liq xarajatlar va soliqlar qabul qilgan qarorlarni qabul qilish samarasi "daromad samarasi" va "o'rnini bosish effekti" deb nomlanuvchi ta'sirlarni keltirib chiqarishi mumkin. Daromad samarasi deganda soliqlarning daromad oluvchining sotib olish qobiliyati pasayishiga to'g'ridan to'g'ri ta'siri tushuniladi. Bu nafaqat daromad oluvchining bozorda sarf qilishi mumkin bo'lgan miqdorni kamaytirishga ta'sir qiladi, balki budjetning xususiy sektordan davlat sektoriga o'tkazilishini ham aks ettiradi. Budjetni bunday o'tkazish samarali amalga oshirilganda, iqtisodiy samaradorlik kamayishi shart emas. O'rnini bosish effekti ish vaqtini, ta'lim darajasini, pensiya yoshini va shu kabi ishlardan olinadigan soliqqa tortish asosida ishning boshqa imkoniyat xarajatlarini o'zgartirish to'g'risidagi qarorni anglatadi. Xuddi shunday, o'rnini bosuvchi ta'sir, tovarlarning narxiga ta'siri orqali, soliq to'lovchilarning iste'mol xattiharakatlariga bevosita ta'sir qilishi mumkin. 31 Hosildorlik, soddalik va barqarorlik bilan bog'liq soliqlar iqtisodiy resurslarni taqsimlash va iqtisodiy sikllarni barqarorlashtirishda samaradorlikka hissa qo'shishi va davlat va uning ishtirokchilarining iqtisodiy rivojlanishiga hissa qo'shishi kerakligini anglatadi.

Soliq tizimidagi iqtisodiy samaradorlik, shuningdek, davlatning budjet xarajatlarini moliyalashtirish (samarali va to'g'ri) uchun zarur bo'lganidan ko'proq soliq undirmasligi kerakligini anglatadi. Soliq tushumlarining yetarliligi, shuningdek, ideal sharoitda hukumatlar soliqlardan yetarlicha daromad olish imkoniyatiga ega bo'lishlari va davlat xarajatlarini moliyalashtirish uchun qarz olishga majbur bo'lmasliklari kerakligini ko'rsatadi. Tabiiyki, qarz olish kelajakdagi soliq yukini shu kabi qarzlar uchun foizlar va kapitalni moliyalashtirishga olib keladi. Natijada soliqni to'g'ridan to'g'ri o'sha paytdagi davlat xarajatlari ehtiyojlariga kamaytiradi. Joriy qarzlarni moliyalashtirish uchun hukumat tomonidan qarz olishning asoslanishi, shuningdek, ushbu qarzlarni kelajakdagi soliqlari bilan moliyalashtirishga majbur bo'lgan shaxslar uchun "vakilliksiz soliq solinmasligi" prinsipi nuqtayi nazaridan zaifdir.

Soliq siyosatining asosini aniqlash Har qanday soliq tizimining asosi ushbu tizimning ma'muriyatidir. Boshqaruv doirasidagi tushunchalar tenglik va samaradorlik tushunchalari bilan teng ravishda qo'llaniladi (chunki bu tushunchalarning hech biri alohida ko'rib chiqilishi mumkin emas yoki kerak emas). Oddiy so'zlar bilan aytganda, soliqni yig'ish narxi ortiqcha bo'lmasligi kerak. Davlatlar ichki resurslardan, shu jumladan soliq yig'ishda samarali foydalanish uchun javobgardir. Davlat tomonidan solinadigan soliqlarni kuzatib borish va ularni amalga oshirishga qodir emasligi ularni samarasiz bo'lib, samaradorlik va tenglik o'rtasida norozilikni keltirib chiqaradi. Ko'pgina tushunchalar ma'muriy jihatdan birlashtirilgan, ammo boshqa tizimli elementlariga ega.

Ishonchlilik, oshkoralik, hisobdorlik va qonuniylik Soliq masalalarida aniqlik "soliq to'lovchi nima uchun soliq solinishini, qancha miqdorda to'lashi kerakligini, uni qanday va qachon to'lashi kerakligini aniq bilishi kerakligi bilan ta'riflanishi mumkin. Tushunarli, shaffof soliqlar soliq to'lovchilar olingan xizmatlarni va hukumatning soliq yukiga nisbatan hisobdorligini baholashga imkon beradi. Soliqlarga nisbatan oshkoralik, shuningdek, soliq yukining qayta taqsimlanadigan elementlarini aniq namoyish etishga yordam beradi. Soliq solish holatlari to'g'risidagi ma'lumotlarni ko'rsatadigan nashrlar (ya'ni, oxirgi soliq yuki kimga tushadi, masalan, yuridik shaxslarning soliqlari oxir-oqibat jismoniy shaxslar tomonidan ish haqi, yuqori narxlar va boshqalar shaklida qoplanadi) bularning barchasi oshkoralikni osonlashtiradi va javobgarlikni oshiradi. Deklaratsiyalarni to'ldirish va topshirish tartibida ham ishonch bo'lishi kerak. Soliq to'lovchi uchun uning soliq qonunchiligiga rioya qilishi mumkinligi aniqligi muvofiqlikni yaxshi tutishini rag'batlantiradi. Soliq to'g'risidagi qonunni talqin qilish va qo'llash uslubida ham aniqlik bo'lishi kerak (ayniqsa, soliq organlari tomonidan). Soliq idoralariga juda ko'p ixtiyoriy vakolat berish ishonchni pasaytiradi. Xuddi shu tarzda, soliq organlarining barcha soliq to'lovchilar uchun yagona bo'lishi kerak bo'lgan qonunlarni qo'llash uslubi bo'yicha shaffoflik bo'lishi kerak. 2.3.7-bo'limda huquqning ixtiyoriylikka nisbatan tushunchasi muhokama qilinadi. Shubhasiz, soliq qonunchiligining aniqligi soliq to'lovchilarning soliq majburiyatlari qachon va qanday paydo bo'lishini, shuningdek, qarzdorlik darajasi to'g'risida aniqligini tushunishini osonlashtiradi. Ishonchlilik tushunchasi bilan bir qatorda qonuniylik prinsipi, bu "asosiy tamoyil, bu qonun aniq va tushunarli bo'lishni talab qiladi.

To'lov narxi va soliq tushumi Soliqning ma'murchiligi soliqni yig'ish uchun sarflangan xarajatlarni (hukumatga) hisobga olishi kerak, bu soliqni tegishli ijro etish yo'li bilan amalga oshiriladi. Soliqning ma'murchiligida soliq turini boshqarish qimmatga tushganda, ya'ni soliqni yig'ish uchun sarflangan xarajatlar yig'ilgan soliqdan (soliq tushumidan) oshib ketganda, bunday soliqni soliq tizimiga kiritish qiymati shubha ostiga olinishi kerak. Soliqlarni yig'ish va ijro etish mexanizmlarining samaradorligi va qulayligi ham baholanishi kerak. Soliq idoralari samaradorlikni oshirish va yig'ish narxini pasaytirish maqsadida yig'ish amaliyotini doimiy ravishda ko'rib chiqishi kerak. Yaxshi soliq tizimida keng asoslarga va sodda, iqtisodiy jihatdan samarali ma'muriyatga ega soliqlarga ustunlik beriladi. Shu bilan birga, soliqlarni yig'ish davlatiga yetkazilgan xarajatlar shunchaki soliq to'lovchiga yoki uchinchi shaxslarga o'tkazilmasligi kerak. Daromad idoralari nomidan uchinchi shaxslar (masalan, banklar, tibbiyot tizimlari yoki sug'urta kompaniyalari) tomonidan olib borilgan yuqori ma'muriy xarajatlar yoki ushlab qolish xarajatlari bu tashkilotlarning samaradorligini pasayishiga xizmat qiladi (ya'ni ishlab chiqarish resurslarini uchinchi tomon bilan bog'liq bo'lmagan ishlab chiqarish funksiyalariga yo'naltirish) asosiy biznes) va soliq tizimidagi iqtisodiy samaradorlik konsepsiyasini yo'q qiladi.

    Avvalgi bo'limida aytib o'tilgan soddalikdan farqli o'laroq, ma'muriylik nuqtayi nazaridan soddalik soliq to'lovchilarga rioya qilishni yengillashtirishni anglatadi. Muvofiqlik bilan bog'liq soddalik, murakkab qonunchilik keltiradigan muvofiqlik va bajarilish narxining ko'tarilishidan saqlanish uchun harakatni anglatadi. Haddan tashqari murakkab qoidalar muvofiqlik xarajatlarini oshiradi va umuman soliqlar tufayli o'lik vazn yo'qotilishini oshiradi . Bu yerda aytish kerakki, soddalik soliq to'lovchiga tenglik hissini ham beradi, chunki soddalik soddaligi sezilarli tenglikni ta'minlaydi. Murakkab soliq qoidalari tizimni tushunishni qiyinlashtiradi va daromad idoralari tomonidan bajarilishi bir xil darajada qiyinlashadi. Murakkablik, teztez agressiv soliq rejalashtirish va suiiste'mol qilish amaliyotiga olib keladi, beixtiyor yaratilgan bo'shliqlardan foydalanadi. Murakkablik, shuningdek, tengsizlikni keltirib chiqaradi, chunki zarur soliq maslahati bera oladiganlar o'zlarining yukini kamaytirishi mumkin, ammo imkonsizlarni noqulay ahvolga tushirishlari mumkin. Siz ishlab topganingizdek to'lash va tovar va xizmatlarni sotib olishda QQS undirish kabi yig'ish mexanizmlari soliqqa tortiladigan shaxslarga muvofiqlik yukini yengillashtirishga qaratilgan ma'muriy choralarga misoldir. Avvalgi holatda, ish haqi bo'yicha daromad solig'i bo'yicha majburiyat xodimga tegishli, ammo tegishli soliq ushlab qolinadi va ish beruvchi tomonidan soliq organlariga to'lanadi. Ikkinchi holatda, QQS iste'molchi tomonidan qoplanadi, lekin yetkazib beruvchidan yig'iladi va daromadlar organiga to'lanadi. Bunday yig'ish mexanizmlari soliq to'lashni soliqqa tortiladigan shaxs uchun qulay qilishiga xizmat qiladi. Keyinchalik soddalashtirishga soliq organlari tomonidan uchinchi shaxslardan olingan ma'lumotlarga asoslanib, oldindan to'ldirilgan soliq deklaratsiyalari orqali erishish mumkin. Hujjatlarni rasmiylashtirishda qulaylik soliq to'lovchilar talablarini bajarilishini sezilarli darajada yaxshilaydi. Soliq to'lovchilarga rioya qilish uchun soddalik soliq to'lovchilar uchun ham soliq idoralari ham soliq maslahatchilari tomonidan ekspluatatsiya qilinishidan himoya darajasini oshiradi.

Rivojlangan va rivojlanayotgan iqtisodiyotga nisbatan soliqlarning ijro etilishi (va shuning uchun ma'muriyligi) o'rtasidagi farqni ajratish kerak. O'rnatilgan va yaxshi tartibga solingan rasmiy bozorlarda tartibga solish va ijro etishni ta'minlash osonroq. Iqtisodiyoti yirik norasmiy davlatlarda muvofiqlik va ijro etish mexanizmlari soliqlarni to'lash yoki yig'ishni kafolatlamaydi. Har qanday soliq tizimi soliq undirilishi uchun amalda bajarilishini hisobga olishi kerak. Ijro etilishi soliq tizimining davlat tomonidan ham, soliq to'lovchilar nuqtayi nazaridan boshqarilishining soddaligini hisobga olish kerak. Kam muvofiqlik xarajatlarini talab qiladigan oddiy tizimlar soliqlar orasidagi bo'shliqni sezilarli darajada kamaytirishga xizmat qilishi mumkin (yig'ilishi kerak bo'lgan soliq bilan haqiqatda yig'ilgan soliq o'rtasidagi farq). Tez-tez rivojlanayotgan iqtisodiyotlarda majburiy ijro vositasi soliq to'lovchilarning o'zini tutmaslik xatti-harakatlari uchun haddan tashqari yuqori sanksiyalardan iborat. Bunday majburlov choralari ushbu davlatda sodir bo'layotgan asosiy iqtisodiy faoliyatni butunlay to'xtatishiga olib kelishi va shu sababli davlatni kelajakdagi (qonuniy) soliq da'volaridan mahrum qilishi mumkin. Haddan tashqari soliqlarning o'zi ham qochish, suiiste'mol qilish amaliyoti, agressiv soliq rejalashtirish yoki qora bozor faoliyatining sababi bo'lishi mumkin. Sanksiyalar har qanday yaxshi soliq tizimining bir qismini tashkil etsa-da, sanksiyalar jinoyatga mutanosib bo'lishi kerak; soliq boshidan ortiqcha bo'lmasligi kerak. Sanksiyalar to'g'risida ko'proq ma'lumotni 6-bobga qarang.

Har qanday soliq tizimini loyihalashda muhim ahamiyatga ega va ushbu tizimni boshqarish kafolatlar va soliq to'lovchilar ma'lumotlarini himoya qilishdir. Maxfiylik standartlarining yo'q bo'lib ketishi soliq to'lovchilarga mos kelmaydigan va qochib ketadigan xatti-harakatlarga olib keladi. Soliq idorasining soliq siriga ishonish va xolisligi axborot xavfsizligi hamda maxfiylikning muvaffaqiyati uchun juda muhimdir.

2.2 Budjet-soliq siyosatining iqtisodiy-huquqiy tuzilma va asoslari.

Soliqlar zamonaviy hukumatlarning o'ziga xos xususiyatini belgilab beradi. Shubhasiz, soliq tizimi samarali bo'lishi kerak, bundan tashqari davlat xarajatlari juda zarur bo'lgan narsalar bilan cheklanishi kerak. Iqtisodiy nazariya shuni ko'rsatadiki, soliqlar resurslarni xususiy sektorda ishonchli va samarali foydalanishga olib kelsada (bu bozor munosabatlari orqali ta'minlanadi), davlat sektorida samarasiz foydalanishga olib boradi. Resurslardan samarali foydalanishga majbur qilish uchun hukumatlar bir xil bozor munosabatlariga bo'ysunmaganligi sababli, davlat xarajatlari amaldagi soliq siyosatining muvaffaqiyatsizligi natijasi jiddiy emas, aksariyat hollarda resurslardan noto'g'ri foydalanishni davom ettirishga imkon beradi. Natijada iqtisodiyotning samaradorligi zarar ko'rmoqda. Resurslardan samarasiz foydalanish qancha ko'p bo'lsa, shuncha iqtisodiy o'sish salbiy ta'siri ko'p bo'ladi. Tarixning turli davrlarida, bu tanazzul davrida hukumatlar soliqlarni oshirib, xarajatlarni saqlab, uzoq muddat tiklanishiga olib kelganida namoyon bo'ldi. Bunga hukumatlar tanazzulda xarajatlarni kamaytirish, soliq stavkalarini pasaytirish va tezroq iqtisodiy tiklanishga olib keladigan holatlar bilan qarama-qarshi bo'lishi mumkin. Natijada qisqa muddatli iqtisodiy strategiyalar ishlab chiqiladi, ammo iqtisodiyotning qayta tiklanishiga hech qanday ta'sir etmaydi. Bu soliqlar olinmasligi kerak degani emas, balki davlatga soliqlar yuqori stavkadan oshmasligi kerakligini va soliqlarni to'g'ri qo'llanilishiga amal qilishni eslatadi. Soliqlarning turli bazalar bo'yicha kengayishi va diversifikatsiyasi soliq to'lovchilarga yukni kamaytirishi mumkin. Soliq solinadigan baza tor bo'lgan taqdirda ham, soliq stavkasining o'sishidan marjinal rentabellik pasayadi va pasayish nuqtasi yanada murakkablashadi. Kamayish nuqtasida soliq to'lovchilarga mos keladigan iqtisodiy faoliyatlar buziladi va soliq to'lashdan bo'yin tovlash ko'payadi. Yuqoridagi tamoyillardan ko'rinib turibdiki, soliq siyosati va iqtisodiyot bir-biri bilan chambarchas bog'liqdir. Davlatga iqtisodiy o'sish, taqsimot effektlari, infratuzilma, davlat subyektlari, xususiy sektorni rag'batlantirish va global muammolar kabi masalalar bo'yicha kelajakka qaraydigan keng siyosatni ishlab chiqish vazifasi qo'yilgan. Davlat siyosati o'rnatilgandan so'ng, soliq siyosati ushbu iqtisodiy siyosat uchun xizmat qilish uchun yetarli daromad yig'ilishini ta'minlashi lozim yoki daromadlarni ustuvor yo'nalishlarga sarflanishi kerak. Shu nuqtayi nazardan, soliq iqtisodiyotga imkon qadar kamroq ta'sir qilishi kerakligini yodda tutish kerak (ya'ni iqtisodiy faoliyatni izdan chiqarmasligi lozim). Iqtisodiyotni soliqlar orqali izdan chiqarishga urinish betaraflik prinsipi sifatida tanilgan. Iqtisodiy faoliyatdagi buzilishlar soliq to'lovlarini bozor narxlariga ta'siridan kelib chiqqan holda o'lik vazn yo'qotilishini oshiradi. Iqtisodiy siyosat maqsadi sifatida bir sektorni ikkinchisidan afzal ko'rish resurslarni noto'g'ri taqsimlanishiga olib keladi, sektorlarni ajratish amaliyoti joriy qilinishi va jismoniy shaxslarning investitsiya yoki sarf-xarajat qarorlariga ta'sir qilishi mumkin (qarorlar iqtisodiy ta'sir o'rniga soliq qonunchiligi natijasida qabul qilinadi). Iqtisodiy faoliyat ochiq bozorga topshirilganda resurslardan odatda yaxshiroq foydalaniladi. Biroq, hukumatlar atrof muhit va sog'liqni saqlash muammolari (masalan, alkogol va tamaki uchun soliqlari) bo'yicha bozorga bevosita ta'sir ko'rsatadigan global muammolarga aralashadilar. Oxir-oqibat, hukumatlar osongina yig'iladigan soliqlar bilan keng soliq bazalariga ega bo'lishga intilishlari kerak. Ideal holda, soliqlar ayrim istisno holatlardan tashqari, tadbirkorlik faoliyati yoki soliq to'lovchilarning xatti-harakatlariga ta'sir ko'rsatmasligi kerak. Bundan tashqari, xususan rivojlanayotgan mamlakatlar uchun rasmiy sektorga kirish uchun talablar kam bo'lishi kerak. Yangi soliq turlarini joriy etilishi ko'pincha rivojlanayotgan iqtisodiyotlarda bu kabi to'siqlarni kamaytirish va bunday mamlakatlarning yirik norasmiy sektorini egallab olish uchun foydalaniladi. Soliq tizimi hukumat va uning ma'muriyati tomonidan taqdim etilayotgan xizmatlar va kapital infratuzilmasini ta'minlash uchun davlat budjeti daromadlariga yetarli soliqlarni yig'ishga harakat qilishi kerak. Budjetlar davlatning bevosita ehtiyojlarini moliyalashtirishni aks ettirgan holda, yetarlilik uzoq muddatli istiqbolda rejalashtirilishi kerak. Qisqa muddatli moliyalashtirish masalalari uzoq muddatli rejalashtirishga xalaqit bermasligi kerak yoki kelajakda soliq tushumlariga ta'sir qiladigan darajada ortiqcha undirib olishga e'tibor berish lozim. Bunday uzoq muddatli rejalashtirish soliq to'lovchi va hukumat uchun barqarorlikni keltirib chiqaradi va budjetlarni rejalashtirish osonroq bo'ladi. Barqarorlik, shuningdek, soliq to'lovchilarga budjetdan o'z faoliyatlarini rejalashtirishni ta'minlaydi. Barqarorlik bilan birgalikda kutilmagan iqtisodiy hodisalar yoki ijtimoiy ehtiyojlar uchun budjetga moslashuvchanlikni ta'minlash uchun soliqlarning egiluvchanligi zarurati. Olingan soliqlarning egiluvchanligi iqtisodiyotdagi pasayish va zararlarga moslashuvchanlikni ta'minlaydi. Elastiklik shuningdek, soliq tushumlari ko'payishda iqtisodiyotga qaraganda tezroq o'sishini, ammo pasayish paytida tezroq kamayib borishini nazarda tutadi. Davlatlar uchun aniq xavf – bu iqtisodiy o'sishda barqaror bo'lmagan davrda budjet mablag'larini rejadan ortiqcha sarflanishi va inqiroz davrida zarur bo'lgan o'sishni yetarli darajada ta'minlay olmaslikdir. Soliq siyosati jamiyatda tenglikni teng ravishda ko'rib chiqishi kerak. So'nggi yillarda har bir davlatning transchegaraviy operat siyalardan tushumlarni teng ravishda taqsimlashi muhim ahamiyat kasb etmoqda. Ushbu mulohazalar muayyan davlatning soliq siyosatiga ta'sir qilmoqda.

Soliq tiziminig tub mohiyati fuqarolar va davlat o'rtasidagi munosabatlar bilan shug'ullanadi. Qonun ustuvorligi bu – davlat o'z majburiyatini bajarishda resurslarni jamiyat ehtiyojlariga sarflash uchun fuqarolardan budjetga mablag' yig'ish usulidan foydalanishni tartibga soluvchi asosiy prinsipdir. Qonun ustuvorligi zarurati jamiyat hukumatning so'zsiz vakolatini qabul qilganda paydo bo'ladi. Zamonaviy davlatlar – bu katta kuch va ulkan resurslarni boshqaradigan ulkan tashkilotlardir. Qonun ustuvorligi davlat hokimiyatining amalga oshirilishini tekshiradigan asosiy huquqiy cheklovdir; bu fuqaro va davlat o'rtasidagi munosabatlarni tartibga soluvchi eng asosiy huquqiy prinsipdir. Ijtimoiy shartnoma, rozilik, fuqarolarning himoya qilish evaziga o'zlarining ba'zi erkinliklarini davlatga berishga asos bo'lishini tushuntiradi va bu qonun ustuvorligi bilan chambarchas bog'liq, ammo bu aslida siyosiy nazariyaning prinsipidir. Huquqiy nuqtayi nazardan, vakolat va buyruq berish qobiliyati yuqori markaziy hukumatlarning xususiyatlarini belgilaydi. Insoniyat tarixining oldingi davrlarida hokimiyat monarxlar, cherkov yoki qabila hukmdorlari kuchi bilan ifodalangan. Masalan, monarx qonun manbayi va tartibni ta'minlovchi bo'lgan. Bunday ziddiyatli ustunlik shakllari hozirgi kunda asosan parchalanib, parlamentlar qonun chiqaruvchi asosiy kuchga ega bo'lgan suveren davlatlarga o'tdi, mustaqil sudlar esa prokuratura va ichki ishlar idoralari bilan birgalikda tartib saqlanadi. Qonun ustuvorligining belgilovchi xususiyati shundaki, u shaxslarning huquqlari parlamentlar, davlat huquqni muhofaza qilish idoralari va sud hokimiyatiga qarshi xavfsizligini ta'minlaydi.

Fuqarolarni o'zboshimchalik bilan amalga oshirish va vakolatlarini suiiste'mol qilishdan himoya qilish funksiyasi tufayli qonun ustuvorligi qadim zamonlardan beri ma'lum bir shaklda yoki shakli mavjud bo'lgan. Tartibning asosiy tuyg'usi ma'lum bir jamiyatda davlat va fuqarolar qonun ustuvorligiga rioya qilgan holda amalga oshiriladi. Biroq, jamiyatlar bir xil emas. Har qanday jamiyat o'z ishini ma'lum bir vaqt ichida tartibga solishni istashi, boshqalarning buni xohlashidan farq qiladi. Shunga ko'ra, qonun ustuvorligining mazmunini tarixiy-geografik ko'rinishlaridan tashqarida aniqlash mumkin emas va bitta umuminsoniy ma'no taklif qilish mumkin emas. Tarix davomida qonun ustuvorligi turli yo'llar bilan aniqlanib, uning mazmuni jamiyatning ma'lum bir vaqt ichida davlatga qarshi chiqishga intilayotgan o'ziga xos xususiyatlaridan kelib chiqadi. Qonun ustuvorligi aniq, keng qamrovli yoki umuminsoniy ta'rifisiz faoliyat ko'rsatishi va maqsadiga erishishi mumkinligini aniq ta'kidlash muhimdir. Muayyan huquqiy tizimda qonun ustuvorligi to'g'risidagi yozma ta'rifning yo'qligi, ushbu prinsipning ushbu tizimda mavjud emasligini yoki uning mamlakat soliq qonunchiligiga taalluqli emasligini anglatmaydi. Aslida, qonun ustuvorligi qonunchilikda deyarli hech qachon ta'riflanmagan, chunki bu qonunning asosiy tamoyillari bilan bog'liq. Ba'zi huquqiy tizimlarda prinsip turli xil atamalar bilan ifodalanadi, masalan, "qonun bo'yicha hukumat" yoki "insonlar emas, balki qonunlar hukumatlari"; ularning barchasi o'xshash natijalarga erishishga intilishadi.

Qadimgi zamonlarda bo'lgani kabi, bugungi kunda ham qonun ustuvorligi turli jamiyatlar uchun turli xil ma'nolarni anglatishi mumkin. Hozirgi vaqtda, ko'pincha inson qadr-qimmatining yoki insonning umumbashariy huquqining kelishib bo'lmaydigan talabi sifatida e'tirof etiladi (garchi oxirgi da'vo katta chalkashliklarni keltirib chiqarmoqda). Qadimgi davrlardan beri faylasuflar va huquqshunoslar qonun ustuvorligi to'g'risida ko'plab nazariyalarni qo'llab-quvvatladilar. Umumiy jihatlar shundan iboratki, Qonun ustuvorligi: – shaxslarni anarxiyadan himoya qilishning maqsadi yoki funksiyasiga ega; odamlarga o'z ishlarini ishonch bilan, aniq va qonun talablari va sanksiyalari to'g'risida bilim bilan rejalashtirishga imkon beradi; – odamlarni davlat amaldorlari tomonidan o'zboshimchalik bilan yoki injiq hokimiyatni amalga oshirishlaridan himoya qiladi. Hozirgi davrda Qonun ustuvorligiga rioya qilish butun dunyoda odamlarning iqtisodiy farovonligini ta'minlashning muhim sharti sifatida qaralmoqda, chunki BMTning qonun ustuvorligi to'g'risidagi deklaratsiyasida: Biz jamiyatning ehtiyojalaridan kelib chiqadigan qiyinchiliklar va imkoniyatlarga jamoaviy munosabatimizga qo'shilamiz. Oldimizda turgan murakkab siyosiy, ijtimoiy va iqtisodiy o'zgarishlarda qonun ustuvorligi qo'llanilishi kerak, chunki bu davlatlar o'rtasidagi do'stona va teng huquqli munosabatlarning asosi va adolatli jamiyatlar barpo etish asosidir – deb ta'rif berilgan. Ishonchimiz komilki, qonun ustuvorligi va rivojlanish bir-biri bilan chambarchas bog'liq va bir-birini qo'llab-quvvatlaydi, qonun ustuvorligini milliy va xalqaro darajalarda ilgari surish iqtisodiy barqaror o'sish, barqaror rivojlanish, kambag'allik va ochlikni yo'q qilish hamda barcha inson huquqlari va asosiy erkinliklarini, shu jumladan rivojlanish huquqini to'liq amalga oshirish, bularning barchasi o'z navbatida qonun ustuvorligini kuchaytiradi. So'nggi ikki asrda G'arb demokratiyasida qonun ustuvorligining xususiyatlari aniq ifodalangan. Shu nuqtayi nazardan, Qonun ustuvorligining xususiyatlari axloqiy falsafalar, diniy qoidalar va mulohazalardan kelib chiqadi. Ingliz huquqshunosi A.V.Dicey (1897), Qonun ustuvorligi juda aniq bir narsani anglatar edi, ya'ni hech kim qonundan yuqori emas, ya'ni hamma odamlar, shu jumladan davlat amaldorlari, siyosatchilar va sudyalar qonun oldida tengdirlar. Ba'zi Yevropa mamlakatlarida (masalan, Fransiyada) bu har doim ham shunday emas edi, chunki odatdagi huquqiy qoidalarga bo'ysunmaydigan ma'murlar bilan ishlash uchun alohida sudlar tuzilishi kerak edi. Bundan tashqari, Dicey ta'kidlaganidek, hech kim hech qanday jazoga tortilmasligi kerak, agar ular oddiy davlat sudlari tomonidan belgilangan qonunni buzgan bo'lsalar. Va nihoyat, qonun ustuvorligi fuqarolarning xavfsizligini ta'minlash uchun yozilgan va yozilmagan qonunlarga amal qilishi kerak edi. Sudyalar qonun ustuvorligi huquqiy tizimning barcha jabhalarini qamrab olishini ta'minlashda alohida rol o'ynaydi, chunki ular qonuniylikni amaldagi ishlarga murojaat qilish orqali konkretlashtiradilar. Soliq ishlari sudyalarning ushbu rolini ta'kidlaydi, chunki bu davlatning fuqarolarning hisobiga yetib borishini tekshiradi. Lord Bingham (2010) kabi qonun ustuvorligining so'nggi ifodalari prinsipga kiritilgan bir qator xususiyatlarni aniqlaydi. Ular:

– qonun mavjud bo'lishi va iloji boricha tushunarli, aniq va oldindan aytib berilishi kerak;

– qonuniy huquq va javobgarlik masalalari, odatda, o'z ixtiyori bilan emas, balki qonunni qo'llash orqali hal qilinishi kerak;

– vazirlar va barcha darajadagi davlat xizmatchilari ularga berilgan vakolatlarni maqsadli va oqilona, vijdonan va bunday vakolatlar chegarasidan chiqmagan holda amalga oshirishi kerak;

– qonun hammaga bir xilda tatbiq etilishi kerak, faqat obyektiv farqlar differensiatsiyani oqlaydigan darajada;

– taraflar o'zlari hal qila olmaydigan vijdonan fuqarolik nizolarini taqiqlovchi xarajatlarsiz yoki haddan tashqari kechiktirmasdan hal qilish uchun davlat tomonidan turli choralar taqdim etilishi kerak;

– sud va boshqa sud protseduralari adolatli va mustaqil bo'lishi kerak;

– qonun inson huquqlarini yetarli darajada himoya qilishi kerak;

– davlat tomonidan xalqaro huquq majburiyatlari bajarilishi kerak.

Ushbu jihatlarning hammasiga ham prinsipga rioya qilgan barcha davlatlar tomonidan qonun ustuvorligining bir qismi sifatida qabul qilinishi mumkin emas. Masalan, yuqorida keltirilgan iqtibosda so'nggi uchta jihat universal tarzda bajariladimi, degan savol tug'ilishi mumkin. Bugungi kunda inson huquqlarini yetarli darajada himoya qilmaydigan yoki fuqarolarning qiynoqqa solinmasligi kabi xalqaro huquqning dastlabki normalariga rioya qilmaydigan hukumatlarning misollari mavjud. Lord Bingemning Qonun ustuvorligini ifodalashi, ba'zi mamlakatlarda huquqiy haqiqat bo'lsa, shuning uchun boshqalar uchun intilish bo'lishi mumkin. Huquqiy davlatlar o'z konstitutsiyalarida inson huquqlarining ma'lum bir qismini tan olgan taqdirda ham, bu yetarli darajada himoyalangan ushbu huquqlarga aylanib ketishi shart emas. Bu inson huquqlari qonuniy huquqlarmi yoki boshqa biron-bir narsa, masalan, siyosiy yoki axloqiy huquqlarmi, demak, ular keng oila sifatida qonun ustuvorligiga tegishli bo'ladimi, degan yuridik savollarni tug'diradi. Har doim takomillashib 48 borayotgan huquqlar katalogi bugungi kunda inson huquqlari deb da'vo qilmoqda. Bu fuqarolik huquqlaridan (masalan, so'z erkinligi, qullikdan ozodlik, qonun oldida tenglik, adolatli sud qilish huquqi va aybsizlik prezumpsiyasi) ijtimoiy-iqtisodiy xarakterdagi huquqlardan (masalan, mehnat qilish yoki ta'lim olish huquqidan) farq qilishi mumkin, shuningdek, ko'proq liberal huquqlar (masalan, ekologik jihatdan toza muhitga huquq, ijtimoiy shaffoflik va qashshoqlikka qarshi huquq). Qonun ustuvorligini ushbu huquqlarning bir qismi bilan bog'lash qiyin. Shunga qaramay, Qonun ustuvorligi inson huquqlarining ayrim turlarini aniqlashtirish uchun muhim qo'shimcha bo'lishi mumkin, ular hukumat tomonidan joriy etilishi lozim. Inson huquqlari, masalan, – shaxsga oid huquqlar sud tomonidan boshqacha aniqlanmaguncha, aybsiz deb hisoblanadi; – sudlarga va adolatli sudga murojaat qilish huquqiga ega; – adolatli ma'muriy choralar qonun ustuvorligidan kelib chiqishini talab qiladi, chunki ularning barchasi davlat hokimiyatini qonun orqali amalga oshirishga tegishli. Hukumat yoki uning qonunlari ushbu huquqlarni aniq tan olmaydigan yoki hatto ularni faol ravishda bostiradigan mamlakatda Qonun ustuvorligidan foydalanish qiyinroq kechishi mumkin, garchi bu imkonsiz bo'lsa ham, ayniqsa sudlar qonunchilikka muvofiq qonunni talqin qilmoqchi bo'lsa qonun ustuvorligi ijarachilari. G'arb mamlakatlarida Qonun ustuvorligi keng e'tiborni jalb qilgan bo'lsa-da, uni biron-bir guruh tomonidan monopollashtirish mumkin emas. Islom shariat qonunlaridagi o'xshashliklarni o'rgangan tadqiqotlar shuni ko'rsatadiki, adolat, tenglik va adolat kabi asosiy tamoyillar bir-biriga mos keladi. Ehtimol, bundan ham ko'proq narsa shuni anglatadiki, agar qonun rasmiyligi qonuniylik bilan chegaralangan bo'lsa, ayniqsa, axloqiy yoki axloqiy asosga ega bo'lgan prinsiplar obro'sizlantirilgan yoki juda ko'p tortishilgan bo'lsa, dunyoviy davlatlarda qonun ustuvorligi muvaffaqiyatsizlikka uchraydi. Aksincha, Islomda huquqning asosi muhim ahamiyatga ega, chunki u shubhasiz ilohiydir. Tarixning muayyan nuqtalarida Qonun ustuvorligi qonunlarning mazmuniga yoki ularning moddiy ta'siriga ta'sir ko'rsatganligi har doim ham ko'rinmas edi. Yomon yoki hatto axloqsiz qonunlarning emas, balki yaxshi qonunlarning ustunligi afzalligi aytilgan. Qonun ustuvorligi hukmron bo'lgan joyda ham qonunning mohiyati shunday bo'lishi mumkinki, qat'iy ravishda qonun ustuvorligiga muvofiq qo'llanilganda, bu adolatsiz natijalarga olib kelishi mumkin. Eng aniq, batafsil va umumiy qoidalar, agar ular noo'rin bo'lsa, ularning kumulyativ ta'sirida butun huquq tizimiga tahdid solishi va erkinlikka putur yetkazishi mumkin. Bunday rasmiy ma'noda qonun ustuvorligi qonuniylik yoki adolat bilan emas, balki faqat jamiyatlarning huquqiy tashkiloti bilan bog'liq. Rasmiy ma'noda qonun ustuvorligi erkinlik va insonning asosiy qadr-qimmatini buzish uchun ishlatilgan tarixiy misollarni fashistlar Germaniyasida yoki Janubiy Afrikaning apartamentidan topish mumkin: rasmiy hokimiyatning tor tushunchasiga rasmiy ravishda amal qilgan qonunlar orqali davlat hokimiyatining aniq suiiste'mol qilinishi. Huquqiy davlatni qarama-qarshi tushunchasi uning haqiqiy ma'nosida shunchaki rasmiy xarakterga ega bo'lmagan kengaytirilgan funksiyani joylashtiradi. Masalan, ixtiyoriylik qoidasiga qarama-qarshi bo'lgan qonuniylik, uning asl ma'nosida qonun ustuvorligining bir qismi sifatida hamma tushuniladi. Ixtiyoriylik qoidalariga ko'ra, shaxslarning huquqlari "ochiq qonunlar" deb nomlangan, o'z xohishirodasini amalga oshiradigan boshqalar tomonidan belgilanadi, bu yerda batafsil huquqiy qoidalar ko'rsatilmagan, shuning uchun katta yoki kichik darajada, faqat shu ixtiyorga bog'liq. Qonun ustuvorligi, fuqaro o'z hayotini biron-bir aniqlik bilan rejalashtirishi va o'z huquqlarini tushunarli va jamoatchilik uchun ochiq bo'lgan rasmiy batafsil qoidalar asosida o'rnatishi kerak bo'lgan huquqiy tizimni nazarda tutadi. Ushbu haqiqiy ma'noda qonun ustuvorligi yaqinda sodir bo'lgan voqea emas, balki antik davrdan kelib chiqadi, chunki Siseronga "biz hammamiz erkin bo'lishimiz uchun qonun qulimiz" degan iboradan ko'rinib turibdi. Shunday qilib ifodalangan, demak, hukumat o'zining barcha harakatlarida «belgilangan va e'lon qilingan qoidalar bilan bog'liqdir – bu qoidalar, hokimiyat ushbu sharoitlarda oʻz majburlash vakolatlarini qanday ishlatishini aniq belgilashga va rejalashtirishga imkon beradi. bu bilimlar asosida kishining shaxsiy ishlari».

Qonun ustuvorligi, oʻz maʼnosida, qonunlarning aslida biron-bir mazmunli mazmunga ega boʻlishini talab qilish uchun biron-bir yoʻlni 50 bosib oʻtayotgan boʻlsa-da, bu qonunchilik tizimida yaxshi boʻlgan har bir narsaning ombori vazifasini bajaradigan keng qamrovli tushuncha emas va buni qilmaydi. Xulosa qilib aytganda, Qonun ustuvorligini hozirgi tushunchalar shuni koʻrsatadiki, bu davlat oʻz kuchini qonunlar orqali qanday amalga oshirishga qarshi protsessual kafolatlar uchun oddiy jarayon emas. Haqiqiy maʼnoda Qonun ustuvorligi qonun chiqaruvchilar va sudlar tomonidan qonunning mazmun-mohiyati qanday shakllanishiga taʼsir qilishi kerak. Qonun tarkibida aynan qanday qilib qaysi inson huquqlari tan olinishi kerakligi masalasi rivojlanib bormoqda. Baʼzi mamlakatlarda, bu konstitutsiyada mustahkamlangan asosiy huquqlarni hisobga olgan holda oʻz-oʻzidan ravshan boʻlishi mumkin, boshqalarda esa yozma qonunlar mavzu boʻyicha jim turishi mumkin. Qonun ustuvorligining qonunning mazmuniga taʼsiri soliqqa tortishda muhim universal mezondir, chunki ushbu bobning qolgan qismi buni koʻrsatib beradi. 2.3.4. "Vakolatsiz soliq solinmaydi" Soliqqa jamoatchilik roziligi va demokratik davlatning asosiy siyosiy tuzilishi hisoblanadi. Angliyaga nisbatan jamoat roziligini Magna Carta, 1215-yil 15-moddasida koʻrish mumkin, bu monarxlarning qurilmagan hokimiyatini saylangan parlamentlar tomonidan yaratilgan qudratli qonunchilikka oʻtkazishni boshladi. Magna Carta qonun ustuvorligi uchun ham, demokratiya uchun ham asos boʻlgan bir necha tamoyillarni bayon etdi. Gʻarbiy demokratik davlatlarda rozilik koʻpincha "vakilliksiz soliq solinmaydi" shiori bilan bogʻliq boʻlib, u 18-asrda Shimoliy Amerika kolonistlari oʻzlari vakili boʻlmagan Britaniya parlamenti tomonidan qoʻyilgan soliq qonunlariga qarshi isyon koʻtarganda paydo boʻlgan. Ushbu tarixiy voqea Amerika inqilobi uchun bevosita va asosiy sabab boʻldi. Yangi soliq qonunlarini qabul qilish uchun huquqiy jarayonlarda vakillikning yetishmasligi ijtimoiy itoatsizlik, tartibsizliklar, isyonlar yoki urushlar uchun asosiy sabab boʻlgan bir necha tarixiy misollar mavjud, masalan, 17-asrdagi Angliya fuqarolar urushi, Xut soliq urushlari, XIX asrda Afrikada va 1905-yildagi Rossiya inqilobi. 51 2.3.5. Ishonchlilik: qonunni talqin qilish Qonun ustuvorligini aniqlashtirish jarayoni (yaʼni fuqarolar va soliq toʻlovchilar uchun haqiqatga aylanadi) yuridik ishonch yoki noaniqlikni keltirib chiqaradi. Buning sababi shundaki, Qonun ustuvorligida mujassam etilgan buyuk gʻoyalar, xatoga yoʻl qoʻyadigan odamlarni boshqalarga haqiqatga aylantirish uchun ularning aralashuvini talab qiladi. Dicey va boshqalar sudyalarning vazifasi konstitutsiyani yozma yoki yozilmagan boʻlishidan qatʼi nazar, qonun ustuvorligini taʼminlashdan iborat deb hisoblashgan. Qonun ustuvorligi konstitutsiyaning shunchaki bezagi emas, balki qonunning amaldagi qonunlarida amalga oshirilishi kerak. Ushbu yondashuv qonun ustuvorligi prinsip sifatida fuqarolar va soliq to'lovchilar uchun qonunlar har kuni sharhlanib va qo'llanilganda huquqiy haqiqatga aylanishini anglatadi. Shuning uchun qonun ustuvorligi muhim amaliy jihatni o'z ichiga oladi: fuqarolar va soliq to'lovchilar uchun qonunni hal qiluvchi (sudyalar) va qonunchilikni qo'llovchi idoralar (ma'murlar) faoliyatini bashorat qilish imkoniyatini ta'minlaydi. Shu tarzda, fuqarolar o'z xatti-harakatlarini moslashtirishlari va o'z harakatlarining qonuniy natijalarini shunga ko'ra bashorat qilishlari mumkin. Boshqacha qilib aytadigan bo'lsak, qonun ustuvorligini huquqiy talqin qilish orqali amalda qo'llash yuridik aniqlik mavjud yoki aniq bo'lmagan vaziyatlarni keltirib chiqaradi. Agar qonunchilikni tatbiq etuvchi va qaror qabul qiluvchi organlar o'rtasida muvofiqlik mavjud bo'lsa va qonun allaqachon belgilab qo'yilgan bo'lsa, qonuniy aniqlik holati ustunlik qiladi. Shunday qilib, qonuniy aniqlik va qonunni huquqiy talqin qilish o'rtasida chambarchas bog'liqlik mavjud, chunki qonun ustuvorligi qonunni sharhlash jarayonining o'zi qonun bilan boshqarilishini talab qiladi. Boshqacha qilib aytadigan bo'lsak, huquqiy talqin ixtiyoriylikka asoslangan emas va u nafaqat subyektivdir. Qonunga tatbiq etiladigan qonunni huquqiy talqin qilishning bunday nazariyasini shakllantirish vazifasi, odatda, davlatning yuqori sudlari zimmasiga yuklatilgan, xususan qat'iyatli pretsedent qoidalari huquqiy manbalar iyerarxiyasini tartibga soladigan oddiy huquqiy davlatlarda.

Mamlakatning katta sudyalari Qonun ustuvorligining juda muhim qo'riqchilari hisoblanadi, chunki qonunni sharhlash nazariyasini boshqarish orqali har qanday holatda ham qonunlar fuqarolar va soliq to'lovchilar uchun konkretlashtirilgan. Qonun ustuvorligida belgilangan huquqiy aniqlik ham qonunning mazmuniga ta'sir qiladi. Shunday qilib, parlamentlar va qonun chiqaruvchilardan Qonun ustuvorligi fuqarolarga o'z huquqlarini bilish va bashorat qilish imkoniyatini beradigan qonunlarni ishlab chiqishni talab qiladi. Shuning uchun qonunlar tushunarli va o'ta murakkab yoki noaniq bo'lmasligi kerak va ular umumiy, ammo aniq bo'lishi kerak. Agar qonunlar ushbu maqsadlarga javob bera olmasa, ular aniq bir vaziyatda aslida nimani anglatishini hal qilish uchun qaror qabul qilish uchun o'z xohishlarini kiritadi yoki talab qiladi, natijada noaniqlik yuzaga keladi. Qonunni talqin qilish shunchaki subyektiv jarayon bo'lmasa-da, subyektivlik ko'rinishlari haqiqatan ham sud qarorlarining qonuniyligini buzishi mumkin. Sud hokimiyati, qonun ustuvorligining so'nggi muhofazasi sifatida, shafqatsiz va xolis deb hisoblanishi kerak. Sudyalarni tayinlash jarayoni malakali va tajribali sud xodimlarini tanlashda muhim ahamiyatga ega. Soliqqa ko'pincha ixtisoslashgan sudlar yoki sudlar jalb qilinadi, bu qonun ustuvorligini va qonuniy ishonchni sezilarli darajada oshirishi mumkin. Bunday ixtisoslashgan soliq sudlariga yoki organlariga murosasiz tayinlanishlardan ehtiyot bo'lish kerak. Masalan, soliq bo'yicha sudya lavozimidagi sobiq faolni yoki oila a'zosini tayinlash, ular munosib malakali va xolis bo'lishi mumkin bo'lsa-da, baribir jamoatchilik ishonchini pasaytirishi mumkin, chunki bunday tayinlashlar xolis sud ko'rinishini pasaytiradi. Qonun ustuvorligi bo'yicha yana bir aniqlik, qonunlar kelajak uchun kuchga kirishi kerak. Aks holda, fuqarolar o'zlarining huquqlari va xatti-harakatlarini qanday rejalashtirishni bilishmaydi. Shuning uchun Qonun ustuvorligi parlamentlarning retroaktiv yoki retrospektiv qonunlarni qabul qilishdan umuman voz kechishining asosiy sababi bo'lib xizmat qiladi. Retroaktiv qonunchilik – bu o'tmishdagi qonunda mavjud bo'lmagan qonun sifatida qabul qilinishini ta'minlovchi qonunchilik. Retrospektiv qonunchilik kelajak uchun o'tmishdagi voqeaga nisbatan yangi natijalarni keltirib chiqaradi. Qonunchilikning ikkala shakli ham Qonun ustuvorligi talab qiladigan bashorat qilishni buzadi. Retroaktiv qonunchilik ko'proq e'tirozlidir, chunki fuqaro yuridik oqibatlar kelib chiqadigan harakatni amalga oshirgan paytda u mavjud emas edi.

Ba'zi huquqiy tizimlarda qonuniylik prinsipi haqida keng yozilgan va sudyalar yoki sharhlovchilar buni qonun ustuvorligining bir qismi yoki hatto bir xil deb hisoblashlari mumkin. Bundan tashqari, qonuniylik prinsipi ko'pincha ma'muriy qonunchilikning kuchayishi bilan bog'liq bo'lib, u jamoat hokimiyatidan qanday foydalanish kerakligi haqidagi asosiy me'yorlar ombori sifatida ishlashi mumkin. Ushbu tamoyil, odatda, davlat hokimiyatini amalga oshirish qonuniy bo'lgan taqdirda qonuniy ekanligi haqidagi g'oyani ifodalaydi. Shu ma'noda, u xavfsizlik tarmog'i vazifasini bajarishi mumkin va u har doim ham rasmiy qonunchilikda yozib qo'yilmaydi, lekin qonunchilik ijro etuvchi yoki ma'muriy hujjatlar va vakolatlar bilan bog'liq bo'lgan har doim yopiq deb qaralishi mumkin. Qonun ustuvorligi kengligi yoki qonuniylik prinsipi bilan bir xil ambitsiyaga ega ekanligi to'g'risida sud amaliyoti bo'yicha munozaralar mavjud. Bu qisman, chunki ba'zi mamlakatlarda, ayniqsa keng qamrovli konstitutsiyaga ega bo'lmagan mamlakatlarda, qonuniylik prinsipi ma'muriy huquqning bir qismi sifatida ishlab chiqilgan bo'lib, u o'zi rivojlangan bo'lishi mumkin. Tor ma'noda qonuniylik prinsipi jamoat hokimiyatini oqilona va adolat bilan amalga oshirishni talab qilishi tushunilmaydi. Masalan, u hali protsessual adolatni qamrab olmasligi mumkin, masalan, administrator tomonidan qabul qilingan qarorlar uchun diskretar vakolat beruvchi qonunlar nuqtayi nazaridan sabablarni keltirib chiqaradi. Shuningdek, u mutanosiblikni hisobga olmaslik mantiqsiz yoki kuchni noto'g'ri qurish deb ta'kidlamaguncha, u mutanosiblikning ikkinchi yarmi bo'lgan mutanosiblikni talab qilishi mumkin emas. Shu bilan birga, mutanosiblik xalqaro va Yevropa Ittifoqi qonunlarining umumiy prinsipi sifatida oqilonalik prinsipi bilan mos ravishda ishlayotganiga aniq dalillar mavjud bo'lib, ular muayyan holatlarda (masalan, maqsadlar va vositalar o'rtasida oqilona bog'lanishni talab qilish orqali) aql-idrokka spetsifikatsiya berishadi. Shuning uchun mutanosiblik transchegaraviy soliqqa tortish holatlarida qonunning umumiy prinsipi sifatida qo'llanilishi mumkin, ba'zi bir soliq tizimlari ichki darajadagi bunday katta talabni hali tan olmaydilar. Biroq, aniq narsa shundaki, qonuniylik prinsipi ba'zi yurisdiksiyalarda ma'muriy huquq va inson huquqlarining ko'tarilishi va rivojlanishi bilan kengaygan. Buni ba'zi sudlar o'zlarining qarorlarini ko'rib chiqish vakolatiga qanday qarashlaridan ko'rish mumkin (odatda, "sud nazorati" deb nomlanadi). Masalan, Buyuk Britaniyada Lord Vulf asosiy huquqni qo'llaganda, oqilona qaror qabul qiluvchi uchun mavjud bo'lgan imkoniyatlar cheklanadi, chunki bunday qaror qabul qiluvchiga tavakkal qilish uchun asosiy inson huquqlariga to'sqinlik qilish ochiq emas jiddiy asoslarning yo'qligi. Uning so'zlariga ko'ra, hatto eng keng ixtiyoriylik ham inson huquqlariga aralashuvni oqlaydigan kompensatsion holatlar bo'lish zarurati bilan cheklanadi; u bahor vazifasini bajaradi: davlat hokimiyatini amalga oshirish konstitutsiyaviy yoki asosiy huquqlarni qanchalik ko'p siqib chiqarsa, qonun qarshiligi shuncha ko'payadi, yo'l berishdan oldin cheklanishning aniq sabablarini talab qiladi. Shunday qilib, bugungi kunda ba'zi mamlakatlarda davlat amaldorlari qarorlari uchun sabablar va asoslar berishga urg'u berilmoqda. Ushbu mulohazalar soliq ma'murlariga og'ishmasdan amal qiladi. Ma'muriy xatti-harakatlarning sud tomonidan ko'rib chiqilishi soliq ma'murlarining qarorlarini (yoki hatto qaror qabul qilinmaganligini) qamrab oladi. Sud nazorati ayrim mamlakatlarda ishlab chiqilgan, chunki sudlar ma'muriy ixtiyoriylik doirasini qonuniy talqin qilish orqali belgilashini tan olishgan. Qonun ustuvorligini konkretlashtirish uchun markaziy ahamiyatga ega bo'lgan qonunni talqin qilish, yozma yoki yozilmagan bo'lishidan qat'i nazar, asosiy huquqlarni aniqlashni o'z ichiga oladi. Shu tarzda, ushbu sudlar ma'muriy qarorlar asosiy huquqlarga salbiy yoki ijobiy ta'sir ko'rsatadimi-yo'qligini va ularning asosli ekanligini ko'rib chiqadilar. Shunday qilib, qonun ustuvorligi qonuniylik prinsipi bilan ifodalanishi mumkin va ba'zi yurisdiksiyalar uchun sud nazorati maydonida sinonim bo'lishi mumkin. Aksariyat sudlar sud nazorati jarayonida davlat hokimiyatining ijro etuvchi va boshqa mansabdor shaxslar tomonidan o'zboshimchalik bilan amalga oshirilmasligini talab qiladi. Qarorlar hokimiyat berilgan maqsad bilan oqilona bog'liq bo'lishi kerak. Aks holda, ular aslida o'zboshimchalik va ushbu talabga ziddir. Ba'zi sudlar ushbu minimal talabni davlat rahbarlari va amaldorlari har doim vijdonan harakat qilishlari kerakligini anglatadi, chunki ratsionallik ularning qonunchilik vakolatlarini noto'g'ri talqin qilmasliklarini talab qiladi. Soliqlar sohasida ortiqcha ma'lumot olish uchun ko'plab imkoniyatlar mavjud. Soliq qonunchiligi, masalan, soliq ma'muriyatiga soliqni hisoblashda e'tirozlarni ko'rib chiqish tartibini tartibga soluvchi normativ-huquqiy hujjatlarni amalga oshirish vakolatini beradi. Bunday qoidalar o'ta xavfli holatga aylanadi (vakolat doirasidan tashqarida) va agar ular soliq to'lovchilarga belgilangan holatlarda e'tiroz bildirishni taqiqlasa (masalan, jarima solinadigan bo'lsa), qonun ustuvorligini buzadi, chunki qonuniy qarorga binoan soliq to'lovchilarning asosiy huquqlari noto'g'ri tuzilgan. Sudyalarning ijro etuvchi va davlat amaldorlari tomonidan qabul qilingan qarorlarni ko'rib chiqish vakolatiga qo'yiladigan muhim cheklov shundaki, sudlar qarorga shunchaki o'zlari kelishmaganliklari sababli xalaqit bera olmaydilar. Biroq, bu cheklash faqat oqilona qarorlarga taalluqlidir va shuning uchun sudlar mantiqsiz qarorni bekor qilish yoki bekor qilish to'g'risida qaror chiqarish huquqiga ega. Sudyalar odatda qarorlari uchun sabablarni aytib berishlari kerak, chunki ular ham qonun ustuvorligi doirasida harakat qilishlari va qonuniylik prinsipiga rioya qilishlari kerak. Shu tarzda, parlamentlar va sudlar qonunlarni qabul qilishda yoki talqin qilishda o'zboshimchalik bilan yoki injiqlik bilan harakat qilishlariga yo'l qo'yilmaydi.

Qonun ustuvorligiga ko'ra, qonuniy huquq va majburiyatlar masalalari, prinsipial ravishda, o'z ixtiyori bilan emas, balki qonunni qo'llash bilan hal qilinishi kerak. Shuni ta'kidlash kerakki, davlat xizmatchilariga o'z xohishiga ko'ra vakolat berish, bu istisno bo'lishi kerak va bu qoidalar emas. Buning sababi, aql-idrok qonun ustuvorligining bir nechta intilishlariga ziddir; bu noaniqlik, bashorat qilishning past darajalari va natijalarni tasodifan aniqlash ehtimoli yuqori degan ma'noni anglatadi. Ixtiyoriylik natijasi bo'lgan o'zboshimchalik oqibatlari mamlakatga juda salbiy va korroziv ta'sir ko'rsatishi mumkin. Korrupsiya ko'pincha jamoat ixtiyorining jinoiy qo'llanilishini o'z ichiga oladi. Ixtiyoriylikka nisbatan unchalik jiddiy bo'lmagan qarshi foydalanish qat'iylik va kechikishni o'z ichiga oladi. Soliq sohasida, soliq idoralari va soliq to'lovchilar o'rtasidagi nizolarni, xususan ikki tomonlama soliq shartnomalari (masalan, o'zaro kelishuv protsedurasi) bo'yicha transchegaraviy vaziyatni hal qilish bo'yicha ixtiyoriylik qoidalari qaror qilinmasligi va kechiktirilishiga moyil. Qonun ustuvorligi va qonuniylik prinsipi davlat vakolatlarini vijdonan, adolatli, oqilona hamda qat'iy ravishda hokimiyat berilgan maqsadlar uchun va ushbu vakolatlarni oshirmasdan amalga oshirilishini talab qiladi. Bu vazirlikdan tortib davlat xizmatchisining barcha darajalariga qadar amal qiladi.

Bu yerda qonun ustuvorligi nuqtayi nazaridan muhokama qilinadi, chunki u soliq qonunchiligining ikki sohasiga tegishli. Birinchisi, soliq tizimining adolatli ekanligi haqidagi jamoatchilik tuyg'usini aks ettiradigan adolat, ikkinchisi, soliq qonunchiligining o'xshash bo'lmagan vaziyatlarni aniqlash va har biriga tegishli huquqiy qoidalarni qo'llash qobiliyatini nazarda tutadigan qonun oldida tenglik.

Samarali soliq tizimining iqtisodiy va siyosiy o'zgarishlar sifatida adolat va to'lov qobiliyati o'rtasida bog'liqlik mavjud. To'lov qobiliyati turli xil texnik usullarda daromadni oshiradigan soliq to'g'risidagi qonunlarni ishlab chiqish uslubida muhim rol o'ynaydi. Masalan, daromad solig'ini amalga oshirish prinsipi shuni anglatadiki, soliq majburiyatlari faqat hisoblab chiqilishi kerak va soliq to'lovchining aktivga egalik huquqini olgan vaqtidan oldin (masalan, naqd pul yoki ayriboshlash) to'lash majburiyati yuklanmasligi kerak. Bundan tashqari, soliq stavkasini belgilash to'lov qobiliyatining muhim jihati hisoblanadi. Eng aniq misol – ko'proq daromad keltiradiganlarga nisbatan yuqori stavkalarda olinadigan progressiv daromad solig'i. To'lov qobiliyati soliqqa tortilishdagi adolatni ham nazarda tutishi mumkin, bu fikrni bildirilgan davrdagi holatlarga nisbatan soliq tizimi "adolatli" bo'ladimi degan jamoatchilik taassurotining birlashuvida ko'rinadi. Ushbu munozaralar har doim qonuniydan ko'ra ko'proq siyosiydir, chunki ular ijtimoiy shartnoma kabi asosiy siyosiy nazariya va tuzilishga tegishli. Soliq to'g'risidagi qonunlar to'g'risidagi siyosiy yoki ommaviy munozaralar ko'pincha daromadlarni oshirish to'g'risidagi qonunlar (ular o'zlari tomonidan juda adolatli va oqilona bo'lishi mumkin) va qonuniy xarajatlar doirasi o'rtasidagi bog'liqlikka tegishli. Soliq xarajatlari to'g'risidagi qonunlarning noto'g'ri boshqarilishi yoki davlatning keng ko'lamli korrupsiyasi tufayli nohaq yoki adolatsiz soliq qonunchiligi haqida umumiy taassurot jamiyatda shakllanishi mumkin. Agar soliq qonunchiligi, masalan, soliq to'lovchilar guruhlariga imtiyozlar berish uchun juda ko'p ixtiyoriylikni o'z ichiga olsa, bu teng ravishda adolatsiz yoki adolatsiz soliq qonunchiligi taassurotlariga olib kelishi mumkin.

Qonun ustuvorligi qonunning hammaga bir xilda qo'llanilishini talab qiladi. Kamsitishni farqlash kerak. Tabaqalanish alohida jarayon uchun asos sifatida obyektiv va ratsional farqlarni aniqlashni o'z ichiga oladi. Boshqa tomondan, tengsizlik, obyektiv o'xshash subyektlarga, ikki subyektning birikmagan o'ziga xos asoslari yoki xususiyatlariga qarab turlicha munosabatda bo'ladi. Umuman olganda, aksariyat demokratik davlatlarning qonunlari barcha fuqarolarga bir xil asosda amal qiladi, ya'ni insonning irqi, dini, siyosiy mansubligi yoki ta'siriga bog'liq bo'lgan ahamiyatsiz tafovutlar chiqarilmasligi kerak. Qarama qarshi muomala taqiqlangan yoki taqiqlanishi kerak bo'lgan asoslar qonun ustuvorligi tomonidan to'liq hisobga olingan. Ushbu taqiq mamlakatning konstitutsiyasi bilan asoslanadi, masalan, inson huquqlari qadriyatlarini o'z ichiga olgan holda yoki xalqaro huquq majburiyatlari bilan asoslanishi mumkin. Qonun hujjatlarida davlat rahbarlari yoki amaldorlariga ixtiyoriy qarorlar qabul qilish vakolatlarini berish orqali kamsitishga yo'l qo'yilmasligi kerak. Tegishli bo'lmagan asoslarga ko'ra qarama-qarshiliklar sud qarorlari bilan qayta ko'rib chiqib bekor qilinishiga olib kelishi mumkin. Soliq qonunchiligidagi tenglik munosabatlari turli mamlakatlarda sezilarli darajada farq qilishi mumkin bo'lsa-da, turli xil cheklovga qarshi taqiqlarda ifodalangan. Misol uchun, daromad solig'i tizimi turmush qurgan yoki turmush qurmaganiga, erkak yoki ayol va boshqa sababli soliq imtiyozlarini taqiqlash jinsiy yoki oilaviy ahvol asosida kamsitilmaydi.

Tomonlar kelishuv bilan nizolarni hal qila olmasa, qonun ustuvorligi tizimida, davlat adolatli tartibda xolis sud xodimlari oldida bunday nizolarni taqiqlovchi xarajatlarsiz yoki haddan tashqari kechiktirmasdan avval hal qilish mumkin bo'lgan vositalarning tashkil etilishi majburdir. Davlatning bu majburiyati bir necha jihatdan soliq rejimlariga aylanadi. Masalan, ma'muriy javobgatlik jarayoni soliq to'lovchilarga, soliq hisobotlariga e'tiroz bildirish uchun taqdim etilishi kerak, bu sud e'tiboriga loyiq bo'lmagan nizolarni aniqlashga xizmat qiladi (masalan, hisoblashdagi xatolari yoki xatolarini tuzatish uchun). Bundan tashqari, mamlakatlar ko'pincha kichik soliq da'volarini hal qilish uchun maxsus soliq sudlarini (kvazi-sudlar), maxsus sudlarni yoki kamroq rasmiy forumlarni tashkil qiladilar. Ma'muriy sudlov kabi qonuniylik prinsipi har bir mexanizmga singib ketishi kerak. Masalan, soliq sudlarini yoki kichik da'vo forumlarini yaratadigan qonunchilik xolislikni ta'minlashi, yozma sabablar, faktlar va holatlar asosida qarorlar qabul qilish uchun asosli shaklda ratsionallikni talab qilishi, asosiy me'yorlarni ko'rib chiqishi va h.k.

Qonunning ustuvorligi davlatning xalqaro huquqiy majburiyatlari bajarishini talab qiladi. Xalqaro huquqiy majburiyatlarning manbalari odatda shartnomalar, odatiy va majburiy normalarni o'z ichiga oladi. Xalqaro munosabatlar soliq ma'muriyati kabi sohalarda o'z ifodasini topadi. "Daromadlar qoidasi" deb nomlangan qoidalarga ko'ra, biron-bir davlat boshqa davlatning soliq talablarini bajarishga majbur emas. Bundan tashqari, soliq siyosati va soliq imtiyozlari sharoitida xalqaro bojxona tomonidan qo'llab-quvvatlanadigan jarayonlarni tamoyillari sifatida aralashmaslik va o'z taqdirini belgilashni anglatadi. Biroq, ushbu xalqaro huquq tamoyillari soliq qonunchiligiga taalluqli bo'lib, ko'p tomonlama va ikki tomonlama soliq shartnomalari munosabatlari ostida o'zgartirilmoqda. Hatto qonunga asoslangan ko'rib chiqish mexanizmlari ham o'z jarayonlarni belgilashga xalaqit berishi mumkin. Masalan, soliq shartnomalari bo'yicha hukumatlar muntazam ravishda quyidagi munosabatlarni amalga oshirishlari kerak:

– soliqlarni undirishda bir-birlariga amaliy ko'mak berish;

– ma'lumot almashish, shu jumladan soliq to'lovchilar to'g'risida;

– o'zlarining milliy parlamentlaridan tashqari organlar tomonidan yaratilgan namunaviy qonunlarni amalga oshirish uchun soliq qonunchiligidagi islohotlarni muvofiqlashtirish.

III BOB. DAVLAT BUDJETINING RIVOJLANTIRISH YO'LLARI VA KONSEPTSIYALARI.

3.1 Bozor iqtisodiyoti sharoitida davlat budjetini takomillashtirish asoslari

Jahon mamlakatlarining moliyaviy institutlari amaliyotidan ma'lumki, davlat moliyasi, jumladan davlat budjeti tizimini rivojlantirish, budjet daromadlari va xarajatlarini samaradorligini oshirish hamda natijadorligini ta'minlashda izchil davlat moliyaviy nazorat tizimi shuningdek, nazoratni ta'minlashga qodir bo'lgan zamonaviy davlat moliyaviy nazoratini takomillashtirish talab etiladi. Iqtisodiy rivojlanishning bugungi bosqichida nazorat-ning nazariy va amaliy asoslarini belgilash, davlat moliyaviy nazoratini standartlashtirish va uni rivojlantirish, nazoratning samaradorligini oshirish kabi masalalar dolzarblik kasb etadi.Jahon amaliyotda Lima deklaratsiyasi va Meksikaning Oliy nazorat organlarining mustaqilligi to'g'risi-dagi deklaratsiyalarida dunyo mamlakatlarining budjet jarayonida davlat moliyaviy nazoratini takomillashtirish bo'yicha qator chora-tadbirlar amalga oshirilmoqda va amaliyotga tatbiq etilmoqda . Ushbu chora-tadbirlar har qanday mamlakatda, davlat moliyaviy nazoratining institutsional asoslari va standartlari – tartib-qoidalarga qat'iy rioya qilgan holda aniq belgilangan natijalarga erishishni ta'minlash uchun mo'ljallangan davlat moli-yaviy siyosatini amalga oshirishning ajralmas instrumentlari hisoblanadi . Bu borada taraqqiy etgan davlatlar tajribasi va erishayotgan ilmiy yutuqlarini amaliyotga tatbiq etish davlat moliyaviy nazoratini rivojlantirish va takomillashtirish, budjet tizimida samarali islohotlarni amalga oshirish va, o'z navbatida, mamlakat moliyaviy barqarorligini ta'minlash hamda budjet mablag'laridan samarali foydalanish uchun muhim omil hisoblanadi.

O'zbekiston moliya tizimida, jumladan, davlat moliyasida amalga oshirilayotgan islohatlar budjet tizimi budjetlarining barqarorligini, shuningdek, budjet mablag'larini manzilli va maqsadliligini, natijadorligini ta'min-lash hamda davlat budjeti xarajatlarining samaradorligini oshirishni nazarda tutadi. Ushbu islohatlarni amalga oshirishda "Davlat budjeti xarajatlari samaradorligini yanada oshirish va davlat moliyaviy nazorati organlari faoliyatini takomillashtirish" vazifasi zarur hisoblanadi. Budjet jarayonlarida davlat moliyaviy nazoratining muammolarini har tomonlama o'rganish, birinchidan, nazorat tadbirlari natijalarini amalga oshirishdagi mua-mmolarning mavjudligi, ikkinchidan, zaruriy uslubiy ta'minotning mukammal darajada emasligi, ya'ni nazorat standartlarining yetarli emasligi va uchinchidan, budjet jarayonida nazorat samaradorligini o'rganish va tako-millashtirish bo'yicha takliflar ishlab chiqish bilan izohlanadi. Bu esa, o'z navbatida davlat moliyaviy nazoratini samaradorligini oshirishni hamda takomillashtirib borishni taqozo etadi.

Professor L. A. Drobozina "Davlat budjeti - pul mablag'larining asosiy markazlashtirilgan fondi ", deb ta'kidlaydi. Professor A. Yu. Kazak esa "Budjet asosiy moliyaviy reja sifatida va muhim moliyaviy to'g'rilovchi sifatida pul munosabatlarining majmuasidir" deb ta'kidlaydi. Mazkur ta'riflardan ham ko'rinib turibdiki, aksariyat iqtisodchi olimlarning budjet kategoriyasiga yondashuvida mantiqning yaxlit qoidasiga rioya qilinmaydi

Fikrimizcha, davlat budjeti tushunchasida uning iqtisodiy kategoriya sifatidagi va mamlakatning asosiy moliyaviy rejasi sifatidagi talqinlarini bir - biridan farqlash lozimdir. Iqtisodiy kategoriya sifatida budjet obyektiv xarakterga ega bo'lgan pul munosabatlari tizimi sifatida qaraladi.Budjetning iqtisodiy kategoriya sifatidagi mohiyati uning funksiyalarida yaqqolroq namoyon bo'ladi. Bud-jetning iqtisodiy mazmunini yoritishga bag'ishlangan moliyaviy – iqtisodiy adabiyotlarda budjetning funksiyalari nuqtayi nazaridan turli iqtisodchilarning mantiq xarakterdagi fikr-mulohazalarini kuzatishimiz mumkin.Budjet - moliya sohasida qator ilmiy ishlarni amalga oshirgan professor G.Romanovskiy budjetning baja-radigan funksiyalari sifatida budjet fondini shallantirish, budjet fondidan foydalanish va nazorat kabi elementlarni talqin qiladi .

Masalan, V. M. Rodionova budjetni taqsimlash va nazorat funksiyalarini bajarishni talqin qiladi. Shuning-dek, muallif moliyaga tegishli funksiyalar sifatida ham taqsimlash va nazorat funksiyalarini bajarishini ham talqin qiladi . Shiningdek, aksariyat adabiyotlarda budjet tizimi barcha darajalardagi budjetlarning majmuasi sifatida yoritiladi.Xorij olimi professor G. B. Polyakning fikriga ko'ra, "Budjet tizimi – iqtisodiy munosabatlar, davlat qurilmasi va huquq me'yorlariga asoslangan davlat, ma'muriy – hududiy birlashmalar budjetlari, budjet munosabatlarida mustaqil muassasalar va fondlarning majmuasidir" .Shuningdek, budjetlar daromadlarini tartibga solish masalalarini tadqiq etishning ayrim jihatlari mahalliy iqtisodchi olimlar M. Almardonov , A. Vaxobov , J. Esmurzayev, A. Jo'rayev , N. Jumayev , J. Zay-nalov , A. Islamkulov , T. Malikov , A. Mamanazarov, O. Olimjonov [16], Z. Ruziyev, Sh. Toshmatov , B. Toshmurodovalar ilmiy ishlarida bevosita va bilvosita tadqiq qilingan.Davlat budjeti mavzusini tadqiq etishda foydalaniladigan bir nechta tadqiqot metodologiyalari mavjud. Bu metodologiyalar o'zaro bog'liqlik ko'rsatadigan, moliyalashtirish jarayonlarini va natijalarini tahlil etishga yordam beradigan, usullardir.

Davlatning budjet tizimining birlamchi asosini rejalashtirish hisoblanadi. Rejalashtirish o'z navbatida tarkibiy jihatdan daromadlar va xarajatlarni rejalashtirishni qamrab oladi. Budjet tizimi budjetlarining daromad-lari va xarajatlarini rejalashtirish garchi, ular mazmunan pul mablagʻlarining harakatlarini rejalashtirishga xizmat qilsada, ularning har birining oʻziga xos xususiyatli jihatlari mavjuddir. Aslini olganda fikrimizcha, budjetning daromadlarini rejalashtirish undan qilinadigan xarajatlarning moliyaviy manbasini aniqlashga xizmat qiladi, shu jihatdan moliyaviy resurslarni qayta taqsimlash asosida ularning ma'lum bir qismini jamiyat manfaatlariga mos ravishda qayta taqsimlashni amalga oshiradi, pul oqimlarining harakatini ta'minlaydi. Davlat oʻzining iqtisodiy funksiyasini bajarish maqsadida markazlashtirilgan pul fondlari shaklidagi davlat budjeti orqali milliy iqtisodiyotni bir maromda boshqarish, ijtimoiy muammolarni hal etish uchun unga zarur boʻladigan moliyaviy mablagʻlarga ega boʻlishning muhim vositasi sifatida tashkil qilingan budjet tizimi budjetlarini shakllantirishga iqtisodiy zaru-riyat tugʻiladi. Bu iqtisodiy zaruriyat esa turli darajadagi (davlat, mahalliy, munitsial) budjetlarni taqozo etadi.

Jahon moliyaviy amaliyotida rivojlangan davlatlar tajribasidan xulosa qilish kerakki, iqtisodiyotni moder-nizatsiyalash, budjet daromadlari va xarajatlarining maqsadliligini va samaradorligini oshirish, shuningdek, ularning izchil nazoratini ta'minlashga xizmat qiladigan zamonaviy moliya tizimini takomillashtirishni talab qiladi. "Germaniya, Sloveniya va Ispaniya kabi davlatlar oʻzlarining YaIMning 30-40 foizini davlat budjeti vositasida qayta taqsimlaydilar".

Bunda moliya tizimining samarali faoliyat koʻrsatishida gʻaznachilik va uning tashkiliy tuzilmasi muhim rol oʻynaydi. Iqtisodiy rivojlanishning bugungi bosqichida budjetning daromadlar qismining son va sifat jihatdan ta'minlaydigan, xarajatlar qismida esa budjet mablagʻlarining maqsadli va samarali sarflanishini ta'minlaydigan gʻaznachilikni yanada takomillashtirish dolzarb masala hisoblanadi. Dunyo amaliyotidan ma'lumki, xalqaro moliyaviy tashkilotlar tomonidan budjet mablagʻlaridan samarali foydalanish, davlat budjeti ijrosi boʻyicha ilmiy tadqiqotlar amaliyotga tatbiq etilmoqda. Bugungi kunda ushbu tadqiqotlar natijasida yagona tizimi sifatida davlat aktiv va majburiyatlarini hisobini yuritishni qoʻllash, natijaga yoʻnaltirilgan budjet ijrosi, budjet jarayonini sharoitida real vaqt rejimida uzluksiz elektron hujjatlar aylanish tizimi joriy etish, davlat qarzini boshqarish, toʻlovlarni yagona hisobvaraqdan toʻgʻridan-toʻgʻri budjet birliklari tomonidan mustaqil amalga oshirish, shuningdek, tahlil qilish va hisobini yuritgan holda milliy iqtisodiyotga joriy etishning afzalliklarini belgilab beradi. Bu borada rivojlangan davlatlar tajribasi va ilmiy yutuqlarini tadqiq etish gʻaznachilik tizimini taraqqiyoti uchun, shuningdek, tizimlar oʻrtasida oʻzaro munosabatlarning barcha soha-lariga tegishli qonunchilik baza yaratilishi va oʻz navbatida mamlakatlarning moliyaviy barqarorligining mustah-kamlanishi, budjet mablagʻlaridan samarali foydalanish va oʻz navbatida mamlakatning xalqaro reytingida oʻrni yuksalishi uchun muhim omil hisoblanadi. Budjet tizimi Respublika budjeti va barcha mahalliy budjetlarning jamlanmasi hisoblanadi. U davlatning siyosiy va iqtisodiy tizimiga hamda respublikaning ma'muriy-hududiy bo'linishiga asoslanadi.:

O'zbekiston Respublikasi Davlat budjeti tuzilmasi Budjet tizimining ijtimoiy-iqtisodiy va tashkiliy tamoyillari, tuzilishi unda birlashib ketadigan budjetlarning o'zaro aloqadorligini, davlat budjeti tuzilmasini belgilaydi.Budjet kodeksining 172-moddasida davlat moliyaviy nazorati, shuningdek, alohida hujjatlarda davlat moliyaviy nazorati organining tamoyillari qabul qilingan. Jahon tajribasidan kelib chiqib, davlat moliyaviy nazoratida maqsadga muvofiqlik va samaradorlikni tamoyil sifatida belgilansa moliyaviy nazoratning sifati va samarasini oshiradi.Shu bilan birga davlat moliyaviy nazoratining ochiqlik tamoyiliga ko'ra Hisob palatasi shuningdek, vako-latli nazorat organlarining ma'lumotlari o'z rasmiy veb-saytlarida joylashtirib borilsa va o'z faoliyati to'g'risida jamoatchilik oldida hisobot berilsa, bu davlat moliyaviy nazorati tizimini natijadorligini oshirishga xizmat qiladi.Budjet jarayonlarida davlat moliyaviy nazoratining tekshirish, taftish, o'rganish kabi maxsus shakllari, turlari va usullariga to'xtalib o'tish muhim. Amaliyotda eng muhimi ulardan foydalanishning muammoli jihat-lariga e'tibor qaratish hisoblanadi. Budjet jarayonlarida davlat moliyaviy nazoratini shakllarini ajratilishi amalda bu nazorat alohida chora-tadbirlarni amalga oshirish yo'li bilan amalga oshirilishi bilan bog'liq bo'lib, ularni amalga oshirish xususiyatlari obyektiv va subyektiv omillar bilan belgilanadi.

Davlat byudjetini takomillashtirish daromadlarni shakllantirish, xarajatlarni nazorat qilish va resurslarning samarali taqsimlanishini ta'minlash bo'yicha strategiyalarni amalga oshirishni o'z ichiga oladi. Davlat budjetini yaxshilashning ba'zi usullari:

1. Budjet daromadni oshirish:
   - Soliq islohoti: soliq solinadigan bazani kengaytirish, soliq tizimini soddalashtirish va qonunchilikka rioya qilishni kuchaytirish maqsadida soliq islohotlarini amalga oshirish daromadlarni oshirishga yordam beradi.

Jahon moliyaviy-iqtisodiy inqirozi sharoitida milliy iqtisodiyotimizdagi makroiqtisodiy barqarorlik va iqtisodiy o'sish sur'atlarining ta'minlanishi mamlakat milliy iqtisodiyotini rivojlantirishning eng muhim ustuvor yo'nalishlarining to'g'ri ekanligini tasdiqlaydi. Keyingi yillarda amalga oshirilgan islhotlar natijasida davlat moliyasining barqarorligi kuzatildi va unda quyidagilar muhim ahamiyatga ega bo'ldi: -yangi tahrirdagi soliq kodeksining qabul qilinishi soliq tizimining huquqiy maqomining yanada takomillashuvini ta'minladi; -soliq yukini yanada qisqartirish va soliq ma'murchiligini takomillashtirilishi natijasida tadbirkorlik faoliyatiga keng yo'l ochib berildi; -kuchli ijtimoiy himoya tizimini shakllantirish va uni barqaror moliyaviy ta'minlash mablarini shakllantirishda davlat byudjyeti va byudjyetdan tashqari maqsadli jamg'armalarning alohida ahamiyatini hisobga olgan holda davlat byudjyeti xarajatlari tarkibida ijtimoiy- madaniy tadbir xarajatlari va aholini ijtimoiy himoyalash xarajatlari ustuvor ahamiyat kasb etdi. Natijada aholining turmush darajasini yanada oshirish va ularning daromadlarini izchil oshiri, ish haqi stipyendiya, ijtimoiy nafaqa va pyensiya miqdorini inflyauiya darajasidan yuqori miqdorlarda ko'paytirish yo'li bilan fuqarolarni ijtimoiy qo'llab quvvatlashni kuchaytirildi; -davlat byudjyeti ijrosining g'aznachilik tizimini joriy etilishi uning kassa ijrosini yagona standartlar va tartiblarga muvofiq samarali ijrosining ta'minlanmoqda.

Byudjyet - murakkab iqtisodiy katyegoriya hisoblanadi. Chunki uning moddiy asosini kengaytirilgan ijtimoiy takror ishlab chiqarish jarayoni tashkil qiladi.[5]

Byudjyet sohasidagi davlat siyosatini amalga oshirish jarayonida birinchi darajadagi vazifa uning moddiy mazmunini o'zida aks ettiruvchi takror ishlab chiqarish nisbatlari buzilishiga salbiy ta'sir etmasligi lozim (hatto har qanday kuchli ijtimoiy himoya tizimlarini shakllantirishga yo'naltirilgan byudjyet siyosatida ham). Aks holda asoslanmagan byudjyet siyosati natijasida ishlab chiqarish jarayonidagi tanazzuliklarga olib kyelinadi va oxir oqibat davlat byudjyeti daromadlari shakllanishida ham muammolar paydo bo'ladi. Bunda davlatning asosiy moliyaviy ryejasi sifatida davlat byudjyeti alohida ahamiyatga ega bo'lib, byelgilangan byudjyet soliq siyosatining ustuvor yo'nalishlarining samarali ijrosi yuqorida tilgan olingan ijtimoiy-iqtisodiy inlohotlarning natijalariga ijobiy ta'sirini ko'rsatdi. 158 Mavzuga oid adabiyotlarning tahlili. Bizning maqolamizda turizm sohasining rivojlanishi imkoniyatlarini o'rganish masalasi qo'yilgan. Ushbu maqsadda M.Q.Pardaev, I.S.Tuxliev, M.E.Po'latov, M.M.Muxammedov, J.R.Zaynalov, D.X.Aslanovalar maqolalari asosida o'rganish ishlari amalga oshirildi. Tadqiqot metodologiyasi. Olib borilgan izlanishlar natijasida Mamlakat byudjetining harajatlar smetasi asosida taqsimlanishi va uning YaIMdagi ulushi tahlil qilinib, uni integratsiya qilish amaliyoti tahlillar o'rganildi. Tahlil natijalari. Davlat budjeti daromadlari 2022 – yilda 202 trillion so'mni tashkil qilib, bu ko'rsatkich 2021-yilga nisbatan 22,6 foizga oshdi va 37,2 trillion so'mga yetdi. Jumladan, Soliqdan davlat byudjetiga tushumlar 148 trillion so'mni, bojdan tushumlar 46,0 trillion so'mni hamda boshqa daromadlar va soliq bo'lmagan tushumlar 7,6 trillion so'mni tashkil qildi. Soliqlardan tushumlarning asosiy qismini bilvosita soliqlar tashkil qilib, bu summa 72 trillion yoki Davlat byudjeti umumiy daromadlarining 35 foizini tashkil qildi. Bu holat 2021- yildagiga qaraganda 15,1 trillion so'mga yoki 27 foizga oshishini ta'minladi. QQS bo'yicha davlat budjetiga jami 71,5 trillion so'm undirilgan bo'lib, bu ko'rsatkich 2021 – yilga nisbatan 35 foizga oshgan. Qo'shgan hissasi bo'yicha soliq organlari tomonidan 32,8 trillion so'm (28,3 foiz, bojxona organlari tomonidan 38,7 trillion so'm

---

[5] Fransua Flirep. "Le economical divergues mi budget Spania". Madrid-2020.

(41,8 foiz)ni tashkil qilgan. QQS bo'yicha tushumlarning o'sishi iqtisodiy faollikning oshishi, soliq ma'muriyatchiligini takomillashtirilishi bilan bir qatorda, soliq to'lovchilar sonining 174 mingtaga yetib, 30 mingtaga yoki 20 foizga oshganligi bilan izohlanadi. QQS jami tushumlari 2022 – yilda 52,2 trlillion so'mni tashkil etib, 2021-yilga nisbatan 13,8 trlillion so'mga yoki 36 foizga oshdi. Bojxona boji bo'yicha tushumlar 2022 – yilda 5,7 trlillion so'mni tashkil etdi. Bu ko'rsatkich 2021 – yilga nisbatan 981 milliard so'mga yoki 21 foizga oshdi. 2022 yil holatiga ko'ra byudjetga undirilgan aksiz solig'i – 15 trln so'mni tashkil qildi. 2022-yilda aroq, konyak va boshqa alkogol mahsulotlariga aksiz solig'i stavkasi 1 dal uchun 138 000 so'm (yoki 1 litr uchun 13 800 so'm) miqdorida belgilangan edi. 2023-yilda ushbu mahsulotlarga aksiz solig'i stavkasi aksiz to'lanadigan tovar tarkibidagi suv qo'shilmagan etil spirtining 1 litri uchun 34500 so'm miqdorida belgilanmoqda. 2023-yilning 1-fevralidan boshlab neft mahsulotlari hamda ishlab chiqariladigan alkogol va tamaki mahsulotlari bo'yicha aksiz solig'i stavkalari 10 foizga indeksatsiya qilinmoqda. 2023–yilning 1–yanvaridan boshlab oziq-ovqat xom-ashyosidan rektifikatsiyalangan etil spirti, 2023-yilning 1-yanvaridan boshlab alkogol va tamaki mahsulotlarini import qilishda aksiz solig'i stavkalari 5 foizga pasaytirilmoqda. Xulosa va takliflar. Soliq tizimini takomillashtirishda ustuvor ahamiyat bilvosita soliqqa tortishga qaratilgan. Bilvosita soliqlar tovarlarga nisbatan qo'shimcha bo'lgani holda, pirovard natijada ishlab chiqaruvchining moliyaviy holatiga to'g'ridan-to'g'ri ta'sir ko'rsatmaydi hamda ishlab chiqarishni rivojlantirishga to'sqinlik qilmaydi. Bilvosita soliq joriy etilganda ishlab chiqaruvchilar mahsulot tayyorlash hajmini osongina qisqartirib, shu hisobdan bozorda narxni ko'tarishlari ko'rsatilgan. Bunday holatda soliq yukining katta qismi xaridor zimmasiga o'tkaziladi. Aksincha, taklif egiluvchan bo'lmaganida ishlab chiqaruvchilar mahsulot tayyorlash hajmini kyeskin darajada qisqartira olmaydilar va bozorda narx dyeyarli o'zgarmaydi. Bunday holatda soliq to'lovlarining asosiy qismini tadbirkorlarning o'zlari qoplaydilar. Shunday qilib, soliq narxning o'sishi orqali istye'molchi zimmasiga o'tishi mumkin. Soliqning istye'molchi zimmasiga o'tkazilishi bozorning o'ziga xos xususiyatlariga, bozor talabi va taklifiga bog'liqdir. Agar tovarga talab barqaror bo'lsa, ya'ni kam egiluvchan vaziyatlarda soliqlarni istye'molchilar zimmasiga mahsulot bahosini ko'tarish yo'li bilan o'tkazishi mumkin. Agarda talab egiluvchan bo'lsa, bahoni ko'tarishga bo'lgan intilish tovar hajmining, shunga tyegishli ravishda ishlab chiqarish, foyda va soliq hajmlarining kamayib kyetishiga olib 159 kyeladi. Talabning egiluvchanligi soliqqa tortishni tartibga solib turuvchi va chyeklaydigan omildir. Bilvosita soliqqa tortish samaradorligini ta'minlash, ryesurs soliqlariga ko'proq e'tibor qaratish, soliq tizimining soddaligiga erishish, davlat xarajatlarini optimallashtirish kabilarni qayd etish mumkin.

2. Xarajatlarni nazorat qilish:

- Xarajatlarga ustuvorlik bering: Yuqori iqtisodiy va ijtimoiy ta'sirga ega bo'lgan muhim xizmatlar va infratuzilma loyihalariga sarflanadigan xarajatlarga ustuvor ahamiyat bering.

- keraksiz xarajatlarni qisqartirish: byudjet taqchilligini kamaytirish uchun isrofgarchilik, samarasiz va keraksiz xarajatlarni aniqlash va bartaraf etish.

- Xarajatlarni tejash chora-tadbirlarini amalga oshirish: Xarajatlarni kamaytirish uchun ommaviy xaridlar, shartnomalarni qayta ko'rib chiqish va operatsiyalarni tartibga solish kabi xarajatlarni tejash choralarini qo'llang.

Davlat byudjeti xarajatlarini nazorat qilish soliq intizomini saqlash, davlat mablag'laridan samarali va samarali foydalanishni ta'minlashda muhim ahamiyatga ega. Davlat byudjeti xarajatlarini nazorat qilishning ba'zi strategiyalari:

1. Byudjetni rejalashtirish va monitoringi:
- daromadlar prognozlari, xarajatlar taqsimoti va samaradorlik ko'rsatkichlarini aks ettiruvchi kompleks byudjet rejasini ishlab chiqish.
- byudjet mablag'lari bo'yicha xarajatlarni kuzatish va o'z vaqtida tuzatish choralarini ko'rish uchun tafovutlarni aniqlash uchun byudjet ijrosini muntazam ravishda kuzatib borish.

2. Xarajatlarni nazorat qilishni amalga oshirish:
- ortiqcha xarajatlarning oldini olish va byudjetdan ajratilgan mablag'larga rioya etilishini ta'minlash maqsadida xarajatlar chegaralarini belgilash va byudjet nazoratini amalga oshirish.
- Xaridlarni markazlashtirish, sotuvchilar bilan yaxshiroq shartnomalar tuzish va muhim bo'lmagan xarajatlarni kamaytirish kabi xarajatlarni tejash choralarini amalga oshirish.

3. Xarajatlarga ustunlik bering:
- Sog'liqni saqlash, ta'lim, infratuzilma va ijtimoiy xizmatlar kabi ustuvor yo'nalishlarga mablag'larni aholi farovonligi va iqtisodiy taraqqiyotiga yuqori ta'sir ko'rsatadigan sohalarga ajratish.
- Davlat maqsadlari va jamoat ehtiyojlariga muvofiqligini ta'minlash uchun xarajatlarning ustuvor yo'nalishlarini muntazam ravishda ko'rib chiqish.

4. Samaralilikni oshirish:
- samaradorlikni oshirish va ma'muriy xarajatlarni kamaytirish uchun davlat faoliyatini soddalashtirish va ortiqcha ishlarni bartaraf etish.
- moliyalashtirishni dastur natijalari bilan bog'lash va agentliklarni xarajatlarni tejashga erishish va xizmatlar ko'rsatishni yaxshilash uchun rag'batlantirish uchun samaradorlikka asoslangan byudjetlashni amalga oshirish.

5. Isrof va firibgarlikni kamaytirish:
- davlat xarajatlarida isrofgarchilik, firibgarlik va suiiste'mollikning oldini olish va aniqlash bo'yicha ichki nazoratni kuchaytirish, auditorlik tekshiruvlarini o'tkazish, shaffoflikni ta'minlash kabi chora-tadbirlarni amalga oshirish.
- mablag'larni noto'g'ri sarflaganlik uchun davlat mansabdor shaxslari va idoralarini javobgarlikka tortish mexanizmlarini joriy etish.

6. Qarzni boshqarish:
- Byudjetni qiyinlashtirishi mumkin bo'lgan ortiqcha qarzlar va qarzlarga xizmat ko'rsatish xarajatlarining oldini olish uchun davlat qarzini oqilona boshqarish.
- Qarz barqarorligini yaxshilash uchun foiz to'lovlarini kamaytirish va to'lov muddatini uzaytirish uchun mavjud qarzni qayta moliyalash yoki qayta tuzish.

7. Manfaatdor tomonlarni jalb qiling:
- shaffoflik va hisobdorlikni oshirish maqsadida byudjetni rejalashtirish va monitoring qilishda manfaatdor tomonlarni, jumladan, fuqarolar, fuqarolik jamiyati tashkilotlari va nazorat organlarini jalb qilish.
- Xarajatlarni tejash va samaradorlikni oshirish imkoniyatlarini aniqlash uchun ekspertlar va tashqi maslahatchilarning fikrini so'rang.

Ushbu strategiyalarni amalga oshirish orqali hukumatlar davlat byudjeti xarajatlarini samarali nazorat qilishi, resurslar taqsimotini optimallashtirish va uzoq muddatli iqtisodiy barqarorlik va o'sish uchun fiskal barqarorlikni ta'minlashi mumkin.

3. Byudjet shaffofligi va hisobdorligini oshirish:
- Oshkoralik: Davlat mablag'lari qanday taqsimlanayotgani va sarflanayotgani to'g'risida jamoatchilik xabardor bo'lishini ta'minlash uchun byudjet jarayonlarida shaffoflikni oshirish.
- Hisobdorlik: Davlat mansabdor shaxslarini byudjetni boshqarish bo'yicha javobgarlikka tortish va mablag'larning maqsadli sarflanishini ta'minlash.

Davlat budjetining shaffofligi hisobdorlikni rag'batlantirish, aholi ishonchini mustahkamlash va samarali boshqaruvni ta'minlash uchun muhim ahamiyatga ega. Davlat budjeti shaffofligini ta'minlashning asosiy jihatlari quyidagilardan iborat:

1. Axborotga ommaviy kirish:
- Davlat veb-saytlari va ommaviy axborot kanallari orqali byudjet hujjatlari, shu jumladan byudjet taklifi, kuchga kirgan byudjet va byudjet ijrosi to'g'risidagi hisobotlardan qulay foydalanishni ta'minlash.

- jamoatchilik nazorati va ishtirokini ta'minlash uchun byudjet ma'lumotlari aniq va tushunarli shaklda taqdim etilishini ta'minlash.

2. Ochiq byudjetlashtirish jarayonlari:
- manfaatdor tomonlarni, shu jumladan fuqarolar, fuqarolik jamiyati tashkilotlari va xususiy sektor vakillarini maslahatlashuvlar, jamoatchilik muhokamalari va qayta aloqa mexanizmlari orqali byudjetni shakllantirish jarayoniga jalb qilish.
- Shaffoflik va hisobdorlikni ta'minlash maqsadida byudjet ustuvorliklari, daromad manbalari, xarajatlar taqsimoti va natijaviy maqsadlar to'g'risidagi ma'lumotlarni e'lon qilish.

3. Byudjet monitoringi va hisoboti:
- byudjet ijrosi va natijalarini kuzatib borish uchun byudjet ijrosini monitoring qilish hamda haqiqiy daromadlar va xarajatlar to'g'risida hisobot berish mexanizmlarini yaratish.
- Byudjet ijrosi va fiskal me'yorlar va me'yorlarga rioya etish to'g'risida yangiliklarni taqdim etish uchun muntazam ravishda byudjet hisobotlari, moliyaviy hisobotlar va audit natijalarini e'lon qilish.

4. Mustaqil nazorat:
- Auditorlik institutlari, parlament budjet idoralari, fiskal kengashlar kabi mustaqil nazorat organlarining byudjet jarayonlarini ko'rib chiqish, byudjet faoliyati natijalarini baholash, byudjet ochiqligi va hisobdorligi bo'yicha hisobot berishdagi rolini kuchaytirish.
- nazorat organlarining byudjet faoliyatini samarali monitoring qilish va baholash uchun zarur resurslar, vakolatlar va mustaqillikka ega bo'lishini ta'minlash.

5. Fiskal ma'lumotlar sifati va yaxlitligi:
- Aniqlik va izchillikni ta'minlash uchun ma'lumotlarni to'plash, tahlil qilish va hisobot berish jarayonlarini takomillashtirish orqali fiskal ma'lumotlarning sifati va ishonchliligini oshirish.
- byudjet ma'lumotlariga ishonchlilik va ishonchni saqlab qolish uchun byudjet hujjatlari va moliyaviy hisobotlarda ma'lumotlarni manipulyatsiya qilish, xatolar yoki noto'g'ri taqdim etishning oldini olish bo'yicha chora-tadbirlarni amalga oshirish.

6. Fuqarolarning ishtiroki :
- Xalq ta'limi kampaniyalari, byudjet savodxonligi dasturlari va byudjetlashtirish tashabbuslari orqali fuqarolarning xabardorligini oshirish va byudjet qarorlarini qabul qilishda ishtirok etish.
- Byudjetni rejalashtirish va ijro etishda shaffoflik va tezkorlikni oshirish uchun fuqarolarning byudjet ustuvorliklari, xizmatlar ko'rsatishga bo'lgan ehtiyoj va natijalar to'g'risida fikr-mulohazalarini rag'batlantirish.

7. Xalqaro standartlar va eng yaxshi amaliyotlar:
- Byudjet shaffofligi amaliyotini Xalqaro valyuta jamg'armasining Fiskal shaffoflik kodeksi va Ochiq budjet so'rovi kabi xalqaro standartlarga muvofiqlashtirish, samaradorlikni baholash va shaffoflik amaliyotini yaxshilash.
- Boshqa mamlakatlarning byudjet shaffofligi bo'yicha ilg'or tajribalarini o'rganing va byudjet jarayonlarida shaffoflik va hisobdorlikni oshirish uchun tengdoshlarni o'rganish va bilim almashishda qatnashing.

Davlat byudjeti shaffofligiga ustuvor ahamiyat berish va ushbu chora-tadbirlarni amalga oshirish orqali hukumatlar barcha fuqarolar manfaati uchun davlat moliyasini boshqarishda mas'uliyatni oshirishi, jamoatchilik ishonchini mustahkamlashi va boshqaruv samaradorligini oshirishi mumkin.

4. Qarz boshqaruvini yaxshilash:

Davlat qarzi — davlatning aholi, firma, tashkilot, banklar, xorijiy moliya-kredit muassasalari oldidagi qarz majburiyatlari. Davlat o'z daromadlari bilan harajatlarini qoplay olmay qolganda byudjet taqchilligi paydo bo'ladi va u qarz ko'tarish yo'li bilan qoplanadi. Davlat qarzni turli qimmatli qog'ozlar, obligatsiyalar, zayomlar chiqarib sotish, moliya muassasasi (bank)dan ssuda olish va b. usullar bilan oladi. Investitsiya davlat qarzi deb hisoblanmaydi. D.q.ning to'lov davriga ko'ra qisqa muddatli va uzoq muddatli, tarkibiga ko'ra ichki qarz (davlat mamlakatning o'zidagi iqtisodiy sub'yektlardan qarzdor bo'ladi) va tashqi qarz (xorijiy davlatlar, xalqaro tashkilotlar va b.dan qarzdorlik) kabi turlari bor. Ichki qarz va uning foizlari milliy pulda, tashki qarz va uning foizlari esa erkin almashtiriladigan valyutada to'lanadi. D.q.ning darajasi, ya'ni qarz yuki qarz va uning foiz summasi yig'indisini davlat byudjeti summasiga nisbati bilan o'lchanadi, ya'ni to'lov majburiyati byudjetning qancha qismiga teng ekanligi bilan belgilanadi. D.q.ning haddan tashqari ortib ketishi iqtisodiyotni izdan chiqaradi, xalq turmush darajasini pasaytiradi (chunki qarzni to'lash uchun zarur pul byudjetda soliklarni oshirish orqali to'planadi), mamlakatdagi iqtisodiy faollikni susaytiradi. Tashqi qarzning ko'payib ketishi milliy mustaqillikka tahdid soladi, undan qutulishi uchun milliy iqtisodiyotni yuksaltirishga ketadigan investitsiyalarni qisqartirish va hatto milliy boylikning bir qismini xorijga sotishga ham to'g'ri keladi. Vaqtida to'lanmagan tashqi qarzga qo'shimcha foiz to'lanadi, undiriladigan foiz qarzga qo'shilib, uning miqdori yanada oshadi.

D.q.ning bo'lishi uni boshqarishni taqozo etadi, ya'ni qarzni olish va to'lash bilan bog'liq muayyan choratadbirlarni amalga oshirish lozim bo'ladi. Qarz va uning foizlarini to'lash uchun byudjetdan pul ajratish

D.q.ga xizmat qilish deyiladi. D.q.ni to'lashdagi shartsharoitlarning o'zgarishi D.q. restrukturizatsiyasi deyiladi. Restrukturizatsiya yuz berganda qarz haqining o'zgarishi konversiya deyiladi. Qarz to'lash muddati cho'zilganda D.q. prolongatsiyasi yuz beradi. Qarzning bir turi boshqasiga aylanganda, qisqa muddatli qarz uzoq muddatli qarzga aylanadi va D.q.ning konsolidatsiyasi yuz beradi. D.q.ga o'rin bo'lmasligi uchun davlat harajatlari davlat daromadlari darajasida bo'lishi lozim. Bunda taqchillikka yo'l berilmaydi yoki minimal darajaga keltiriladi (mas, O'zbekiston davlat ichki qarzini oshirmaslik uchun byudjet taqchilligi yalpi ichki mahsulotga nisbatan 1997 yilda 2,2% ga, 2000 yilda 1% ga keltirildi).

- Qarz barqarorligi: Davlat qarzi barqaror bo'lib qolishi va kelajak avlodlar uchun yuk bo'lib qolmasligi uchun qarzni boshqarishning kompleks strategiyasini ishlab chiqish.

- Qayta moliyalashtirish va qayta qurish: Foizlar to'lovlarini kamaytirish va qarzga xizmat ko'rsatishni yaxshilash uchun mavjud qarzni qayta moliyalashtirish yoki qayta tuzish imkoniyatlarini o'rganing.

5. Iqtisodiy o'sishga sarmoya kiritish:

Iqtisodiy o'sish— mamlakatda tovarlar ishlab chiqarish va xizmatlar yaratish hajmining oldingi yil (davr)larga nisbatan ko'paygan miqdorda takrorlanishi. Iqtisodiy o'sishni ta'minlash har qanday mamlakat iqtisodiy siyosatining asosiy maqsadi hisoblanadi. Yildan yilga aholi sonining ko'payishi, kishilar ehtiyojlarining mutassil ortib borishi iqtisodiy O'sishni shart qilib qo'yuvchi asosiy sabablardandir. Iqtisodiy O'sish aholi turmush darajasini oshirishga, xalq farovonligini ta'minlashga xizmat qiladi.

Iqtisodiy O'sish negizida iqtisodiyotdagi yetakchi tarmoqlarning rivojlanishi turadi. Iqtisodiy o'sish ishlab chiqarishning ilg'or tuzilmasiga, yuqori mehnat unumdorligi darajasiga, ichki va tashqi bozorda talab katta bo'lgan raqobatbardosh mahsulotlar ishlab chiqarishga, mahsulotni qulay bozorlarda sotishga tayanadi. Boshqacha aytganda, iqtisodiy O'sish mahsulot ishlab chiqarishning real hajmini muttasil qo'paytirib borish va ayni paytda jamiyat taraqqiyotida texnologik, iqtisodiy va ijtimoiy tavsiflarning yaxshilanib borishini anglatadi.

Iqtisodiy O'sishni aniqlash va hisoblashda mamlakat iktisodiy taraqqiyotining eng umumiy ko'rsatkichi bo'lgan yalpi ichki mahsulot (YAIM) asos bo'lib xizmat qiladi va iqgisodiy o'sishning muayyan davr mobaynida real YAIM hajmining ijobiy tomonga o'zgarishini ko'rsatadi. Iqtisodiy o'sish sur'atlari YAIM o'sish sur'atlarida o'z aksini topadi.

Iqtisodiy O'sish mamlakat iqtisodiyoti rivojlanishining umumiy holatini ifodalaydi. Real YAIM hajmining o'zgarishi mamlakat iktisodiyoti holati va dinamikasi to'g'risida ma'lumot bersada, iqtisodiy O'sishni to'liq aks ettirmaydi. Mas, mamlakat aholisining O'sish sur'ati 3% ni, real YAIM ning O'sish sur'ati ham 3% ni tashkil etdi. Bunday holatda, garchi YAIM hajmi o'sgan bo'lsada, kishilarning daromadlari o'zgarmay qoladi. Shu sababli iqtisodiy O'sishni to'laroq aks ettirish uchun boshqa bir ko'rsatkich — aholi jon boshiga ishlab chiqarilgan real YAIMning o'zgarishi qo'llaniladi.

Real YAIM hajmining o'zgarishi umuman mamlakat iqtisodiyotining muayyan davr oralig'idagi rivojlanishini ifodalasa, aholi jon boshiga to'g'ri keladigan real YAIM hajmining o'zgarishi iqtisodiy rivojlanishga kishilar turmush darajasi orqali baho berishga xizmat qiladi.

Mamlakat iqtisodiyotida yaratilgan YAIM ishlab chiqarish omillari — yer, kapital va mehnat resurslarining o'zaro ta'sirida shakllanadi. Bular iqtisodiy O'sishning miqdoriy omillariga kiradi (mas, foydalanilayotgan ekin maydonlarni kengaytirish YAIM o'sishiga ijobiy ta'sir ko'rsatadi). Ushbu omillarni ishlab chiqarish jarayoniga kengroq jalb etish natijasida yuz beradigan iqtisodiy O'sishekstensiv o'sish deb ataladi.

Iqtisodiy O'sishning sifat omillari ham mavjud bo'lib, ularga mehnat, kapital va yer (tabiiy) resurslari unumdorligi kiradi. Sifat omillari hisobiga yuz beradigan iqtisodiy O'sish intensiv o'sish deb yuritiladi.

Ishlab chiqarish omillarining cheklanganligi ekstensiv O'sish.ning imkoniyatlarini chegaralaydi. Shu sababli resurslar cheklanganligi sharoitida intensiv o'sish samarali hisoblanadi. Fantexnika taraqqiyoti ham intensiv iqtisodiy o'sishni rag'batlantiradi. Keyingi yillarda bir qator ijtimoiy qo'rsatkichlar iktisodiy O'sish sharti va natijasi tarzida qaralmoqda. O'sish sohasida — bandlikning yukobiy dinamikasi; taqsimot sohasida — aholining real daromadlari va boshqalar bir qator ko'rsatkichlar dinamikasi; ayirboshlash sohasida — savdo va umumiy ovqatlanish moddiy bazasining rivoji, chakana savdo aylanmasi dinamikasi; iste'mol sohasida — iste'molning va noishlab chiqarish jamg'arishning o'sishi shunday ko'rsatkichlarga kiradi. Iqgisodiy o'sishning asosiy ijobiy tomoni — uning ishlab chiqarish va iste'mol tuzilmasi o'zgarishlariga ta'sir ko'rsatishidir.

- Infratuzilmaga sarmoya kiritish: Iqtisodiy o'sishni rag'batlantirish, ish o'rinlarini yaratish va xususiy sektor investitsiyalarini jalb qilish mumkin bo'lgan infratuzilma loyihalari uchun mablag' ajratish.

- Kichik biznesni qo'llab-quvvatlash: tadbirkorlikni rivojlantirish va iqtisodiyotni diversifikatsiya qilishga qaratilgan maqsadli dasturlar va imtiyozlar orqali kichik va o'rta korxonalarni qo'llab-quvvatlash.

Ushbu strategiyalarni amalga oshirish orqali hukumatlar davlat byudjetini yaxshilashi, fiskal barqarorlikni mustahkamlashi, iqtisodiy o'sish va rivojlanishga yordam berishi mumkin.

3.2 Davlat budjetini takomillashtirishning rivojlangan mamlakatlari usullari va konseptsiyalari.

Yevropa ittifoqida mamlakatlar davlat byudjetlarini yaxshilash uchun ko'pincha turli usullar va kontseptsiyalardan foydalanadilar. Ba'zi umumiy strategiyalar quyidagilarni o'z ichiga oladi:

1. Fiskal intizom: Davlat xarajatlarini nazorat qilish, isrofgarchilikni kamaytirish va keraksiz xarajatlardan qochish orqali moliyaviy intizomni saqlash.

Moliyaviy intizom davlat moliyasining asosiy tushunchasi bo'lib, hukumatning xarajatlarni nazorat qilish, qarzlarni boshqarish va barqaror soliq siyosatini ta'minlash orqali o'z moliyasini mas'uliyat bilan boshqarish qobiliyatini bildiradi. Moliyaviy intizomning ba'zi asosiy jihatlari:

Nazorat qilinadigan davlat xarajatlari: Hukumatlar o'z xarajatlarini daromadlaridan oshmasligini ta'minlash uchun ehtiyotkorlik bilan boshqarishlari kerak. Bu keraksiz yoki behuda sarf-xarajatlarga yo'l qo'ymaslik uchun asosiy xizmatlar va investitsiyalar uchun sarf-xarajatlarni birinchi o'ringa qo'yishni o'z ichiga oladi.

Muvozanatlangan budjet: Muvozanatli byudjetni saqlash, bunda davlat daromadlari davlat xarajatlariga teng budjet intizomining asosiy jihati hisoblanadi. Bu ortiqcha qarz olish va qarzlarning to'planishining oldini olishga yordam beradi.

Qarzni boshqarish: Qarzni samarali boshqarish fiskal intizomni saqlash uchun hal qiluvchi ahamiyatga ega. Hukumatlar barqaror bo'lib qolishi va iqtisodiyot uchun xavf tug'dirmasligini ta'minlash uchun o'z qarzlari darajasini kuzatishi va nazorat qilishi kerak.

Byudjet shaffofligi: Byudjet tuzish jarayonlarining shaffofligi hisobdorlikni oshirish va korruptsiyaning oldini olish uchun muhim ahamiyatga ega. Fuqarolar davlat daromadlari, xarajatlari va byudjet qarorlari to'g'risidagi ma'lumotlarga ega bo'lishi kerak.

Uzoq muddatli rejalashtirish: Fiskal intizom davlat moliyasining uzoq muddatda barqaror bo'lishini ta'minlash uchun uzoq muddatli rejalashtirishni ham o'z ichiga oladi. Bu kelajakdagi daromadlar va xarajatlar tendentsiyalarini prognozlash va mumkin bo'lgan moliyaviy muammolarni hal qilish siyosatini amalga oshirishni o'z ichiga oladi.

Mustaqil fiskal institutlar: Ba'zi mamlakatlar davlat moliyasini ekspert tahlili va nazoratini ta'minlash uchun fiskal kengashlar kabi mustaqil fiskal institutlarni tashkil qiladi. Bu institutlar byudjet qarorlarini xolis baholash orqali fiskal intizomni mustahkamlashga yordam berishi mumkin.

Moliyaviy intizomni saqlash orqali hukumatlar o'z moliyalarining barqarorligini ta'minlashi, iqtisodiy o'sishni rag'batlantirishi, fuqarolar va investorlar o'rtasida ishonchni mustahkamlashi mumkin. Rivojlangan va rivojlanayotgan mamlakatlarda davlat moliyasini to'g'ri boshqarishning muhim jihati hisoblanadi.

"Fiskal intizom" deb , moliyaviy hisob-kitoblarni yuritish va hisob-kitoblarni tekshirishning barcha jarayonlari uchun qo'llaniladigan qonunlar, tartibotlar va amallar birligi hisoblanadi. Bu jarayonlar davlat to'lovlarini to'plash, byudjetlarni tuzish, soliq tizimini boshqarish, soliq daromadlarini hisobga olish va boshqa moliyaviy operatsiyalarni o'tkazishga oid bo'lgan barcha qonunlar va tartibotlarni o'z ichiga oladi.Fiskal intizomning asosiy maqsadi davlat to'lovlarini to'plash, soliq daromadlarini to'plash, byudjetlarni tuzish va moliyaviy stabilizatsiyani ta'minlashdir. Bu jarayonlar orqali mamlakatda moliyaviy istiqbollilik va sodiqlilikni ta'minlash, davlat to'lovlarini boshqarish, soliq tizimini rivojlantirish va moliyaviy xavfsizlikni ta'minlashga harakat qilinadi.[6]

2. Soliq islohotlari: Iqtisodiyot va soliq to'lovchilarga og'irlik qilmasdan, yetarlicha daromad keltiruvchi adolatli va samarali soliq tizimini ta'minlash maqsadida soliq islohotlarini amalga oshirish.

Soliq islohotlari — soliq nazariyasi va amaliyotini muvofiqlashtirish asosida soliq yukini kamaytirish, soliqqa tortishni soddalashtirish, soliq yordamida iqtisodiy rivojlanishni ta'minlash maqsadlarida amalga oshiriladigan davlat tadbirlari. Iqtisodiyotni isloh qilishining muhim, ajralmas qismi. O'zbekiston Respublikasida amalga oshirilayotgan Soliq islohotlari strategiyasi huquqiy va demokratik davlatni barpo etish konsepsiyasi asosida shakllanmoqda. 1991 yildan boshlab O'zbekistonda o'tkazilgan soliq islohotlarini 3 asosiy bosqichga bo'lish mumkin:

- Birinchi bosqich — 1991—1994-yillarda soliqqa oid qonun hujjatlarini yaratish; tamomila yangi soliqlar va to'lovlar tizimini barpo etish va ularni xo'jalik amaliyotiga joriy etish; moliyaviy mablag'larni i. ch. infratuzilmasini rivojlantirish, o'z-o'zini strategik resurslar bilan ta'minlashga erishish maqsadlarida qayta taqsimlash; narxlarning o'sishi va i. ch. ning pasayishi sharoitida aholining turmush darajasi pasayib ketmasligi va ijtimoiy barqarorlikni saqlash; mustaqil tizim sifatida davlat soliq xizmatini shakllantirish vazifalari bajarildi.
- Ikkinchi bosqich — 1995—1999-yillarda soliq tizimini takomillashtirish va korxonalarga nisbatan soliq yukini kamaytirish bo'yicha Soliq islohotlari amalga oshirildi. Bu davrda soliqlarga doir mavjud qonun hujjatlari asosida O'zbekiston Respublikasining Soliq kodeksi ishlab chiqildi va 1997 yilda qabul qilindi.

---

[6] Joseph Borrel. "The economical devolopment of European union". 134-bet. Brussel-2019.

• Uchinchi bosqich — 2000-yildan boshlab soliq islohotlari qonunchilikka kiritilayotgan oʻzgarishlar asosida fuqarolar va korxonalar uchun soliq, yukini yana-da kamaytirish, ayrim soliq turlarini bekor qilish, kichik va oʻrta tadbirkorlik subyektlarini soliqqa tortish tizimini soddalashtirish, samarali soliq tizimi tamoyillarini yana-da toʻliq roʻyobga chiqarish, jahon andozalariga mos soliq tizimini bosqichma bosqich barpo etishga yoʻnaltirilgan.

Jahondagi rivojlangan mamlakatlarda Soliq islohotlari davriy oʻtkazib turiladi. Muayyan soliq turini joriy etish yoki bekor qilish, ayrim turdagi soliqlar ulushini oshirish yoki kamaytirish. Soliq daromadlarini qayta taqsimlash va boshqa koʻrinishlarda amalga oshiriladi.

3. Davlat-xususiy sheriklik (DXH): Davlat byudjeti yukini kamaytirishga yordam beradigan infratuzilma loyihalari uchun xususiy sektor resurslari va ekspertizasini jalb qilish uchun DXShlarni jalb qilish.

Bozor mexanizmlarining rivojlanib borishi natijasida davlat va xoʻjalik yurituvchi subyektlar oʻrtasida yangi iqtisodiy munosabatlar shakllanib boradi. Bunday iqtisodiy munosabatlarning rivojlangan mamlakatlar amaliyotidagi bir koʻrinishi, bu davlat va xususiy tarmoqlar sheriklik munosabatlaridir. Davlat xususiy sheriklikning asosiy vazifasi Oʻzbekistonning barqaror ijtimoiyiqtisodiy rivojlanishi uchun davlat va xususiy sheriklikning samarali oʻzaro harakatlanishi uchun sharoit yaratishi hamda xususiy sektor resurslaridan umumjamiyat ehtiyojlarini qondirishda foydalanish tushuniladi. Davlat-xususiy sheriklik tizimi (DXSH) - biror mamlakatga yoki ushbu mamlakat tomonidan berilgan koʻrsatmalar asosida xizmat koʻrsatuvchi xususiy sektor uchun uzoq muddatli shartnoma boʻlib, xususiy sektor oʻzining moliyaviy, texnik va boshqaruv resurslaridan foydalanish orqali loyihani ilgari suruvchi kuch hisoblanadi. Davlat sektori esa asosiy loyiha aktivlari (misol uchun, yer uchastkalari)ni taqdim etadi va yuridik hamda shartnoma asosida uzoq muddatli oʻzaro munosabatlarni oʻrnatadi, loyihaga tayyorgarlikni moliyalashtiradi. Toʻgʻridan toʻgʻri investitsiyalarni jalb qilishning zamonaviy va eng samarali yoʻnalishlaridan biri davlat-xususiy sherikligi uzoq muddatli, samarali va ikki tomon uchun ham foydali hisoblanadi.

Davlat-xususiy sheriklik, asosan, ijtimoiy, yaʼni maktabgacha taʼlim, umumiy va oliy taʼlim hamda sogʻliqni saqlash sohalari, uy-joy kommunal xoʻjaligi, avtomobil yoʻllari qurilishi va elektr taʼminoti tarmoqlaridagi infratuzilma loyihalarini roʻyobga chiqarishda keng qoʻllaniladi. Soʻnggi 30 yilda 130 dan ortiq mamlakatda davlat-xususiy sheriklik mexanizmi faol joriy etilayotgani kuzatilmoqda. Jahon banki maʼlumotiga koʻra, mazkur mexanizm yordamida infratuzilma loyihalariga xususiy investitsiyalarning qariyb 15- 20 foizi jalb qilinayapti. Davlat-xususiy sheriklik toʻgʻrisidagi bitim doirasida xususiy sheriklarga quyidagi moliyaviy qoʻllab-quvvatlash turlari taqdim etilishi mumkin: •Subsidiyalar, shu jumladan, xususiy sherikning davlat-xususiy sheriklik loyihasini amalga oshirishdan oladigan, kafolatlangan eng kam daromadini ta'minlashga yo'naltiriladigan subsidiyalar; •Davlat-xususiy sheriklik loyihasini amalga oshirish uchun zarur bo'lgan aktivlar va mol-mulk tarzidagi qo'yilmalar;•Davlat-xususiy sheriklik loyihasini amalga oshirish jarayonida ishlab chiqarilgan yoki yetkazib berilgan tovarlarning(ishlarning, xizmatlarning) muayyan miqdorini yoki bir qismini iste'mol qilganlik yoki ulardan foydalanganlik uchun to'lovga yo'naltiriladigan O'zbekiston Respublikasi byudjetlari tizimining byudjet mablag'lari:

•Byudjet ssudalarini, qarzlarini, grantlarini, kredit liniyalarini va moliyalashtirishning boshqa turlarini berish;
•O'zbekiston Respublikasining davlat kafolatlari;
•Soliq imtiyozlari va boshqa imtiyozlar;
•Boshqa kafolatlar va kompensatsiyalar.

O'zbekiston hukumati ijtimoiy, transport va kommunikatsiya infratuzilmasi qurilishi va modernizatsiyasiga jalb qilish kabi ijtimoiy muhim infratuzilma loyihalarini amalga oshirishga xususiy sektorni jalb etish bo'yicha faol harakat qilib kelmoqda. Davlat va biznes o'rtasidagi hamkorlikda yagona huquqiy mexanizm sifatida O'zbekiston Respublikasi Prezidenti tomonidan 2019-yilning 10-mayida "Davlatxususiy sheriklik (DXSH) to'g'risida"gi Qonun imzolandi. Qonunda "Har qanday yakka tartibdagi tadbirkor yoki yuridik shaxs davlatxususiy sheriklik loyihasini amalga oshirishga qiziqish bildirgan taqdirda, davlatxususiy sheriklik loyihasini amalga oshirish uchun xususiy sherikning ta'rifi tender asosida amalga oshiriladi", deyiladi. Bunda xususiy tashabbuskorga davlat-xususiy sheriklik loyihasini davlat-xususiy sheriklik loyihasining umumiy qiymatining 1 foizidan oshmaydigan miqdorda tender g'olibi yoki zaxira g'olibi hisobidan tayyorlash bilan bog'liq xarajatlar qoplanishi mumkin. Shu bilan birga, saralab olishda ishtirok etish uchun xususiy sherikka quyidagi talablar qo'yilmoqda: huquq layoqatga ega bo'lish; ishga layoqatlilik; to'lay olish qobiliyati; soliqlar bo'yicha qarzdorlik yo'qligi; zarur moliyaviy; moddiy-texnik va mehnat resurslari borligi. Qonunda xususiy sherik manfaatlarini himoya qilish mexanizmlari nazarda tutilgan va davlat-xususiy sheriklik loyihalarining amalga oshirilishi yuzasidan monitoring va hisobdorlik tartibi belgilandi. Davlat-xususiy sheriklikni moliyaviy jihatdan qo'llab-quvvatlash mexanizmlari belgilanmoqda. Davlatning mablag' (grantlar, subsidiyalar) bilan ishtirok etishi, soliqqa oid va boshqa imtiyozlar, aktivlar, qarzlar tarzidagi qo'yilmalar, xususiy sherikning kafolatlangan eng kam daromadini ta'minlashga yo'naltiriladigan subsidiyalar, davlat kafolatlari uning asosiy turlari hisoblanadi. Qonun bilan davlat-xususiy sheriklik taraflarining huquq va majburiyatlari belgilab berildi.

Davlat-xususiy sheriklik to'g'risidagi qonunchilik asosining mavjudligi jamiyat va iqtisodiyot uchun juda muhim. Mazkur qonunning qabul qilinishi DXSH sohasiga qonuniy asosni yaratdi, bu esa o'z o'rinda respublikaga investorlar faolligini va ishonchini oshirishga, xususiy sektorning moliyaviy va boshqa resurslarini jalb qilishiga olib keladi. Qonunning oʻziga xos jihatlari shundaki: u toʻgʻridan-toʻgʻri amal qiluvchi hujjat hisoblanadi, demak. Oʻzbekistonga DXSH yoʻnalishi boʻyicha pul tikmoqchi boʻlgan investor uchun boshqa qonunosti hujjatlarni oʻrganish zaruriyati kamayadi. Xulosa qilib aytadigan boʻlsak, Davlat-xususiy sheriklik toʻgʻrisidagi qonunchilik asosining mavjudligi jamiyat va iqtisodiyotimiz uchun juda muhim boʻlib, DXSH sohasiga qonuniy asosni yaratdi, bu esa oʻz oʻrinda respublikaga investorlar faolligini va ishonchini albatta oshirishga, xususiy sektorning moliyaviy va boshqa resurslarini jalb qilishiga olib keladi. Qonun investorlarni himoya qilishga qaratilgan xususan hujjatda xususiy sherik va kreditorlarni himoya qilish boʻyicha alohida moddalar mavjud. Qonun aholiga koʻrsatilayotgan davlat xizmatlari va jamoat infratuzilmasi sifatini yaxshilashga qaratilgan.

4. Qarzni boshqarish: Davlat qarzining barqaror darajasini taʼminlash va foizlar toʻlovlarini minimallashtirish uchun qarzni boshqarishning samarali strategiyalarini amalga oshirish.

5. Samaralilik chora-tadbirlari: Davlat xizmatlarini ko'rsatishni yaxshilash va xarajatlarni kamaytirish bo'yicha samaradorlik choralarini amalga oshirish.

Mamlakatimizda budjet mablagʻlari ijrosi samaradorligini oshirish boshqarishni nazorat qilishning mamlakatimizdagi amaliyotini va xuquqiy asoslarini hamda xorij tajribalarini oʻrganish asosida budjet mablagʻlarining oʻzboshimchalik bilan sarflanishiga yoʻl qoʼymaslik, mavjud shartnomaviy-huquqiy bazani yanada takomillashtirish yoʻllarini izlash,bu borada amalga oshirilayotgan ishlarni samaradorligini takomillashtirishdan iborat. Tahlil va natijalar muhokamasi Davlat budjeti mablagʻlari ijrosi samaradorligi uning moddiy negizini milliy iqtisodiyot va jamiyatnining sotsial platformasidagi davlatning pozitsiyasi tashkil qiladi. Budjet mablagʻlari ijrosi muhim jihatlardan biri siyosiy qarorlar qabul qilishning bosh omilidir, chunki u risklarni kamaytirishni taʼminlaydi va oldini olish choralarini koʻrish imkoniyatini berishi hisoblanadi. Budjet mablagʻlari ijrosi oʻrta muddatli rejalashtirishda davlatnining moliyaviy resurslarini shakllantirish va sarflanishi uchun siyosiy jihatdan hisobdorlikni taʼminlanishi nazarda tutiladi. Chunki milliy daromadning taqsimlanishida davlat budjetida toʻlanadigan moliyaviy resurslar davlatnining ixtiyoridagi moliyaviy resurslar hisoblanib, ularni shakllantirish va foydalanish boʻyicha qarorlar qabul qilish Parlamentning vakolatiga kiradi. Har qanday rejalashtirish kabi davlat budjeti mablagʻlari ijrosi oʻrta muddatli rejalashtirish ham davlat moliyaviy resurslaridan foydalanishda maksimal samaradorlikni taʼminlashi zarurligini nazarda tutadi. Zero, rejalashtirish boshqaruvning muhim funksional elementi sifatida uning samaradorligini fundamental asosini tashkil qiladi. Zero, iqtisodichilar taʼkidlaganlaridek, "Reja hech narcha emas, rejalashtirish hamma narsani tashkil qiladi" – deb aytilgan tom maʼnodagi qoidaga asoslangan holda, budjetni oʻrta muddatli rejalashtirish oʻzining maksimal samaradorlikka erishish imkoniyatlari orqali xususiy jozibadorligini namoyon qiladi. Malumki, davlat budjeti daromadlarining yetarli darajada bo'lishi mamlakatda ijtimoiy, iqtisodiy, madaniy va boshqa sohalarni belgilangan miqdorda va muddatlarda moliyaviy taminlash imkoniyatini beradi. Shuning uchun bugungi kunda budjet daromadlarini samarali shakllantirish va ularning hajmini oshirish dolzarb masalalardan biri bo'lib qolmoqda. Zero bu boradagi ishlarni amalga oshirish natijasida jamiyatning barcha qatlamlarini qo'llab- quvvatlash va strategik maqsadlarni amalga oshirish uchun imkon bermoqda. Bugungi kunda Mamlakatimizda davlat budjeti daromadlarining asosini soliqlar tashkil qiladi. Soliqlarni undirish jarayonida bevosita respublika budjetiga tushadigan hamda mahalliy budjetlarga undiriladigan soliqlarni ko'rishimiz mumkin. Respublika budjetiga undiriladigam umumdavlat soliqlarinin bir qismi hududlar imkoniyatlaridan kelib chiqqan holda mahalliy budjetlar ixtiyorida qoldiriladi. Ma'lumki, o'rta muddatli fiskal siyosat sharoitida budjet daromadlarini prognozlashtirish, iqtisodiyot tarmoqlarini rivojlanish nisbatlari kesimida soliq bazasining shakllanishi va soliq siyosatining strategik yo'nalishlarining pirovard maqsadlari kabi bir qator omillar ta'sirida shakllantiriladi. Xususan, iqtisodiyotdagi soliq yukining o'rta muddatli istiqbollari bunda muhim ahamiyat kasb etadi. 2012-2019 yillardagi davlat budjeti daromadlarining dinamik o'zgarishini ko'rib o'tamiz.

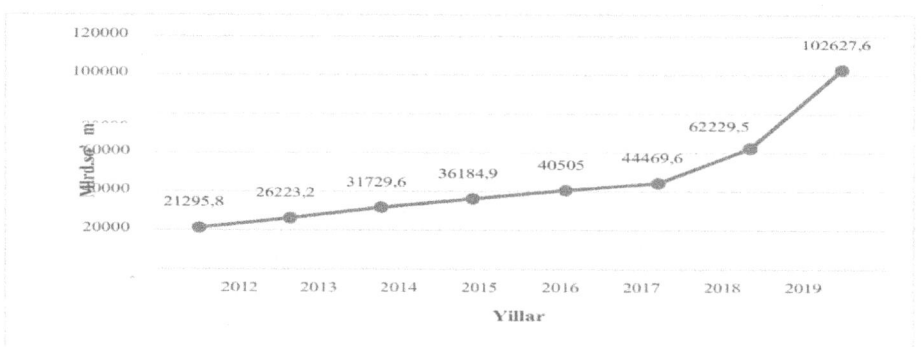

2.2-rasm. **Davlat budjeti daromadlari dinamikasi**

6. Ta'lim va sog'liqni saqlashga sarmoya kiritish: Ta'lim va sog'liqni saqlash sohalariga sarmoya kiritish uzoq muddatli manfaatlarga olib kelishi mumkin, masalan, malakali ishchi kuchi va sog'lom aholi kabi, bu iqtisodiyot va davlat byudjetiga ijobiy ta'sir ko'rsatishi mumkin.

7. Oshkoralik va hisobdorlik: Korruptsiya va davlat mablag'larini noto'g'ri sarflanishining oldini olish uchun byudjetlashtirish jarayonlarida shaffoflik va hisobdorlikni ta'minlash.

8. Uzoq muddatli rejalashtirish: Kelajakdagi muammolarni hal qilish va fiskal barqarorlikni ta'minlash uchun uzoq muddatli byudjet rejalari va strategiyalarini ishlab chiqish.

Rivojlangan mamlakatlar ushbu uslub va konsepsiyalarni hayotga tatbiq etish orqali o'z davlat byudjetlarini yaxshilashlari, uzoq muddatli iqtisodiy barqarorlik va o'sishni ta'minlashlari mumkin.

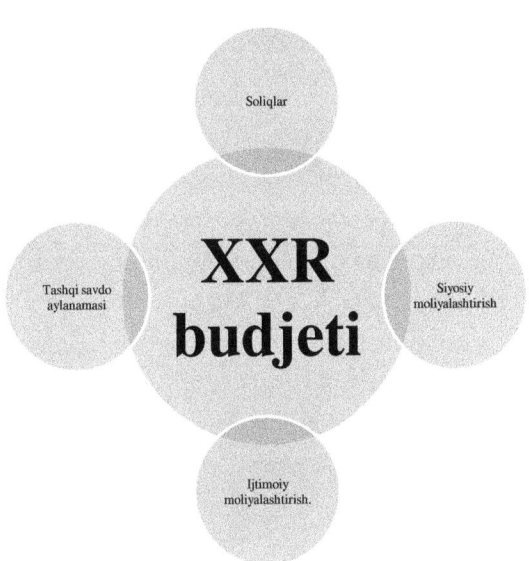

2.3-rasm. **Xitoy xalq Respublikasi davlat budjetining asosiy 4 komponentlari.**

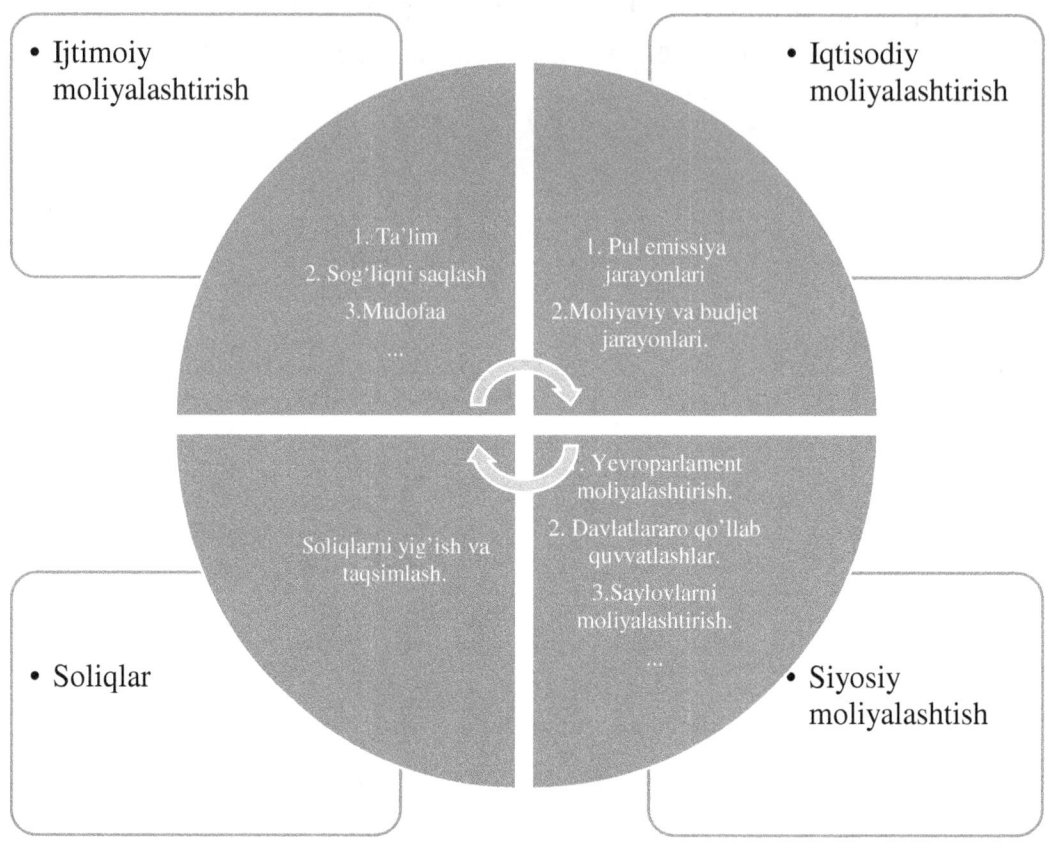

2.4-rasm. **Yevropa ittifoqida budjet jarayonlari tavsifi.**

Xitoy yillar davomida davlat byudjetini yaxshilash uchun turli strategiyalarni amalga oshirdi. Ba'zi asosiy usullar quyidagilarni o'z ichiga oladi:

1. Daromadlarni diversifikatsiya qilish: Xitoy yagona daromad oqimiga bog'liqlikni kamaytirish uchun o'z daromad manbalarini diversifikatsiya qilishga e'tibor qaratdi. Bu soliq solinadigan bazalarni kengaytirish, yangi soliqlarni joriy etish, soliqlarni undirish mexanizmlarini takomillashtirishni o'z ichiga oladi.

2. Fiskal islohotlar: Xitoy hukumati byudjetni boshqarishda samaradorlik va shaffoflikni oshirish uchun fiskal islohotlarni amalga oshirdi. Bu byudjet jarayonlarini tartibga solish, davlat moliyasini boshqarish tizimlarini takomillashtirish va byudjet ijrosidagi mas'uliyatni oshirishni o'z ichiga oladi.

3. Qarzni boshqarish: Xitoy o'z qarz darajasini samarali boshqarish bo'yicha chora-tadbirlarni amalga oshirdi, jumladan, mahalliy hukumat

qarzlari bo'yicha cheklovlarni belgilash, qarzlar haqida hisobot berish mexanizmlarini takomillashtirish va qarz barqarorligi tahlilini kuchaytirish.

4. Davlat-xususiy sheriklik (DXH): Xitoy xususiy sektor bilan risklarni baham ko'rgan holda infratuzilma loyihalarini moliyalashtirish va iqtisodiy o'sishni rag'batlantirish uchun DXShlardan foydalangan. Bunday yondashuv asosiy tarmoqlarga sarmoya kiritishni rag'batlantirish bilan birga davlat byudjeti yukini kamaytirishga yordam beradi.

5. Samaralilik chora-tadbirlari: Xitoy asosiy e'tiborni sarmoya uchun asosiy yo'nalishlarni belgilash, isrofgarchilik va samarasizlikni kamaytirish hamda davlat xizmatlari samaradorligini oshirish orqali davlat xarajatlari samaradorligini oshirishga qaratdi.

6. Makroiqtisodiy siyosatlar: Xitoy moliyaviy barqarorlikni qo'llab-quvvatlash uchun barqaror iqtisodiy o'sishni ta'minlash, inflyatsiyani nazorat qilish va valyuta kursining o'zgarishini boshqarish kabi makroiqtisodiy siyosatni amalga oshirdi.

7. Texnologiya va innovatsiya: Xitoy daromadlarni yig'ishni kuchaytirish, byudjet shaffofligini yaxshilash va moliyaviy jarayonlarni soddalashtirish uchun texnologiya va innovatsiyalardan foydalangan. Bunga soliq ma'muriyati va moliyaviy boshqaruv uchun raqamli platformalardan foydalanish kiradi.

Ushbu strategiyalarni amalga oshirish va fiskal siyosatini doimiy ravishda kuzatib borish va tuzatish orqali Xitoy davlat byudjetini boshqarishni takomillashtirish va fiskal barqarorlikni rivojlantirishga muvaffaq bo'ldi. Biroq, qarz darajasining o'sishi, mintaqaviy nomutanosiblik va tashqi iqtisodiy omillar kabi muammolar ehtiyotkorlik bilan boshqaruv va siyosat choralarini talab qiladigan doimiy muammolarni keltirib chiqarishda davom etmoqda.

XULOSA.

Xulosa qilib aytganda, Davlat byudjetini takomillashtirish, boshqarish va amalga oshirishda davlat to'lovlari va xarajatlari, daromadlarni oshirish, to'lovlar va boshqa moliyaviy vositalarning boshqarilishi, hisob-kitoblar va ko'rsatkichlar tuzilishini o'z ichiga oladi. Bu, davlatning moliyaviy tizimini, soliqlar va to'lovlar tizimini, tijorat va moliya sohasidagi aktivlarni va passivlarni boshqarishning asosiy vositasi hisoblanadi.

Davlat byudjetini takomillashtirishning asosiy maqsadi moliyaviy istiqbollilik va sodiqligini ta'minlash, daromadlarni kengaytirish, xarajatlarni kamaytirish va byudjetning moliyaviy maqsadlari va o'z vazifalariga muvofiq tuzilishi va ishlab chiqarilishi.

Davlat moliyasini sog'lomlashtirish, davlat byudjeti daromadlari barqarorligi, ularni shakllantirish manbalarining mukammal nisbatini ta'minlash mamlakatimizda byudjet-soliq sohasidagi amalga oshirilayotgan islohotlarning hozirgi bosqichida muhim ahamiyat kasb etmoqda.

Iqtisodiyotni modernizatsiyalash sharoitida davlat byudjeti daromadlarini shakllantirishda bevosita soliqlarning o'rni xususida ilmiy-nazariy qarashlar mavjud. Chunonchi, byudjet daromadlari barqarorligiga erishish, bevosita va bilvosita soliq tushumlari o'rtasidagi mutanosiblikni ta'minlash, shu bilan birga, byudjet daromadlarida bevosita soliqlar tushumi barqarorligini oshirish echimini kutayotgan dolzarb masalalar sifatida qaraladi. Darhaqiqat, mamlakat moliya tizimining amal qilish mexanizmini takomillashtirish yo'nalishlarida amlga oshirilayotgan islohotlar qatorida soliq yuki darajasini qonuniy ravishda kamaytirish, optimal soliq yukini belgilash hamda uni amalda ushlab turishdan davlat va soliq to'lovchilar bir xilda manfaatdordir. Chunki, optimal soliq yuki korxonalar moliyaviy-xo'jalik faoliyatini rag'batlantirsa, davlat byudjeti uchun doimiy daromad tushumini ta'minlaydi. Moliya siyosati byudjet daromadlari istiqbolini belgilash tamoyiliga asoslangan iqtisodiyotda mamlakatning ijtimoiy-iqtisodiy rivojlanish istiqbollarini to'g'ri va aniq belgilash va unga qaratilgan vazifalar doirasida ishlab chiqiladigan strategiyalar hamda amalga oshiriladigan islohotlar samaradorligini ta'minlash birmuncha aniq, qulay va maqbul hisoblanishi ham o'z isbotini topmoqda. Ko'pgina rivojlanayotgan mamlakatlar tomonidan rivojlangan davlatlarda mamlakat moliya tizimining amal qilish mexanizmini takomillashtirish yo'nalishlari bo'yicha to'plangan keng va boy tajribalarni chuqur o'rganish hamda ularni milliy iqtisodiyotga tadbiq etish yo'llari ishlab chiqilmoqda. Shu jumladan, bugungi kunda O'zbekiston Respublikasida ham moliya tizimining amal qilish mexanizmini takomillashtirish yo'nalishlari ularning istiqboliga asoslangan bashoratlarini ishlab chiqishga jiddiy e'tibor qaratilmoqda. Lekin, respublikamiz uchun hali qirralari to'la ochilmagan mazkur sohaning barcha yutuq va afzalliklarini o'rganishga bo'lgan munosabat hamda e'tiborning bugungi ahvolini qoniqarli deb bo'lmasligi, bu sohada chuqur va samarali tadqiqotlar olib borish, uning ko'lamini oshirib borish zaruriyatini keltirib chiqaradi. Bu esa, eng avvalo, mamlakat moliya tizimining amal qilish mexanizmini takomillashtirishning mazmuni, vazifalari, xususiyatlari, usullari, samaradorligi kabi o'ziga xos jihatlarini anglashni talab qiladi. Tadqiqotlar ko'rsatishicha, aynan moliya siyosatini oqilona tashkil etilishi xo'jalik sub'ektlarining iqtisodiy faoliyatini shakllantirishda muhim o'rin egallaydi. Shu boisdan ham, moliya tizimining amal qilish mexanizmini takomillashtirish yo'nalishlari o'rganish va respublikamizda mavjud o'ziga xos shart-sharoitlarni hisobga olib, byudjet soliq siyosatini takomillashtirishga qaratilgan ilmiy taklif va amaliy tavsiyalar ishlab chiqish Maqola tadqiqot ishi mavzusining dolzarbligini belgilab beradi. Ushbu muammolarni hal etishda mamlakat moliya tizimining amal qilish mexanizmini takomillashtirish yo'nalishlariga qaratilgan ilmiy taklif va amaliy tavsiyalar ishlab chiqish zarurligi mavzuning dolzarbligini belgilaydi.

Tadqiqotning maqsadi O'zbekiston Respublikasi moliya tizimining amal qilish mexanizmini takomillashtirish yo'nalishlariga qaratilgan ilmiy-amaliy xulosa va tavsiyalar ishlab chiqishdan iborat. Mazkur maqsadni amalga oshirish uchun quyidagi vazifalar belgilab olindi: moliya tizimining amal qilish mexanizmi va uning umumnazariy asoslarini o'rganish; moliya tizimining mazmuni, mexanizmining asosiy jihatlarini o'rganish; moliya tizimining asosiy sohasi va faoliyat yuritish yo'nalishlarini o'rganish; moliya tizimining institutsional asoslarini o'rganish; moliya tizimini amal qilish mexanizmini amaldagi holatini tahlil etish; O'zbekiston Respublikasi davlat byudjeti holatini tahlil etish; moliya tizimini amal qilinishini ta'minlashda mamlakat byudjet-soliq siyosatini tahlil etish; moliyaviy tizimini barqaror rivojlanishini ta'minlashda bank tizimining natijalarini tahlil etish; moliya tizimi mexanizmini takomillashtirish yo'llari bo'yicha taklif va tavsiyalar ishlab chiqish; davlat va munitsipial byudjet holatini takomillashtirish yo'nalishlari bo'yicha taklif va tavsiyalar ishlab chiqish; O'zbekiston

Respublikasida moliya tizimini mustahkamlashda soliq yukini pasaytirish yo'llari bo'yicha taklif va tavsiyalar ishlab chiqish; Tadqiqot jarayonida ko'rib chiqilgan asosiy masalalar quyidagilardan iborat: moliya tizimining amal qilish mexanizmi va uning umumnazariy asoslari o'rganildi, moliya tizimini amal qilish mexanizmini amaldagi holati tahlil etildi, O'zbekiston Respublikasi davlat byudjeti holati tahlil etildi, moliya tizimini amal qilinishini ta'minlashda mamlakat byudjet-soliq siyosati tahlil etildi, moliya tizimi mexanizmini takomillashtirish yo'llari bo'yicha taklif va tavsiyalar ishlab chiqildi, O'zbekiston Respublikasida moliya tizimini mustahkamlashda soliq yukini pasaytirish yo'llari bo'yicha taklif va tavsiyalar ishlab chiqildi, dinamik ko'rsatkichlar orqali tahlillar amalga oshirildi va sababiy bog'liqlikda xulosalar yasaldi. Maqolada o'z aksini topgan, ya'ni mamlakat moliya tizimining amal qilish mexanizmini takomillashtirish yo'nalishlari xususidagi ilmiy xulosalar va amaliy tavsiyalar mamlakat moliya tizimini yanada takomillashtirish, davlat byudjeti daromadlari va xarajatlarini samarali tashkil etish imkonini berishi mumkin. Shunday bo'lishiga qaramasdan, moliya tizimining amal kilish mexanizimi takomilashtirish yunalishllari yuqoridagi iqtisodchi-olimlarning ilmiy izlanishlarida maxsus mustaqil tadqiqot ob'ekti sifatida tahlil etilmagan. Ushbu sohada qator muammolar mavjud bo'lib, ular mamlakat moliya tizimining amal qilish mexanizmini, xususan davlat byudjeti daromadlarining to'liqligini ta'minlashga va mamlakatimizda tadbirkorlik faoliyatining rivojlanishiga o'zining salbiy ta'sirini ko'rsatmoqda.

Yuqorida qayd etilgan muammolarning kelib chiqish sabablarini aniqlash, ularning vujudga kelishining oldini olish va ularni bartaraf etishga qaratilgan ilmiy taklif va amaliy tavsiyalarni ishlab chiqish ilmiy-amaliy ahamiyatga ega. Shunday ekan, mamlakat moliya tizimining amal qilish mexanizmini takomillashtirish yo'nalishlari yuzasidan nazariy-uslubiy asoslari chuqur tadqiq etilmaganligi ushbu muammoning dolzarbligini belgilaydi va mazkur mavzuning mustaqil tadqiqot ob'ekti sifatida tanlanishiga asos bo'ladi. Monografik kuzatish, abstrakt-mantiqiy fikrlash, guruhlash, taqqoslama tahlil, ekspert baholash, bashoratlash va boshqa iqtisodiy-statistik tahlillar usullari asos qilib olindi. Tadqiqotning nazariy, uslubiy va amaliy natijalari va xulosalari mamlakat moliya tizimining amal qilish mexanizmini takomillashtirish va ular samaradorligini oshirish, moliya tizimining amal qilish mexanizmiga taalluqli huquqiy-me'yoriy hujjatlarni yanada mukamallashtirish maqsadida foydalanish muhim ilmiy-amaliy ahamiyat kasb etadi. Shuningdek, ilmiy izlanishning muayyan sohalardagi natija va xulosalari oliy ta'lim muassasalarining iqtisodiy yo'nalishlarini o'qitishda hamda moliya tizimi bilan bog'liq o'quv qo'llanma va darsliklarni takomillashtirishda foydalanish mumkin. Xulosa. Tadqiqotda ishlab chiqilgan amaliy taklif va tavsiyalar moliya tizimining amal qilish mexanizmini yaxshilashda keng foydalanilishi mumkin. Ilmiy ishning asosiy yangiliklari quyidagilardan iborat: moliya tizimining amal qilish mexanizmi va uning umumnazariy asoslari o'rganildi; * moliya tizimining mazmuni, mexanizmining asosiy jihatlari o'rganildi; * moliya tizimining asosiy sohasi va faoliyat yuritish yo'nalishlari o'rganildi; * moliya tizimining institutsional asoslari o'rganildi; * moliya tizimini amal qilish mexanizmini amaldagi holati tahlil etildi; * O'zbekiston Respublikasi davlat byudjeti holati tahlil etildi; * moliya tizimini amal qilinishini ta'minlashda mamlakat byudjet-soliq siyosati tahlil etildi; * moliyaviy tizimini barqaror rivojlanishini ta'minlashda bank tizimining natijalari tahlil etildi; * moliya tizimi mexanizmini takomillashtirish yo'llari bo'yicha taklif va tavsiyalar ishlab chiqildi; * davlat va munitsipial byudjet holatini takomillashtirish yo'nalishlari bo'yicha taklif va tavsiyalar ishlab chiqildi; * O'zbekiston Respublikasida moliya tizimini mustahkamlashda soliq yukini pasaytirish yo'llari bo'yicha taklif va tavsiyalar ishlab chiqildi;

FOYDALANILGAN ADABIYOTLAR.

1. O'ZBEKISTON RESPUBLIKASI PREZIDENTINING "O'ZBEKISTON RESPUBLIKASINI YANADA RIVOJLANTIRISH BO'YICHA HARAKATLAR STRATEGIYASI TO'G'RISIDA» GI PF-4947 FARMONI.// XALQ SO`ZI.8 FEVRAL 2017 YIL

2. ВОЛОСОВ А.И., ТЕОРИЯ И МЕТОДОЛОГИЯ ГОСУДАРСТВЕННОГО УПРАВЛЕНИЯ ИНВЕСТИЦИОННОЙ ДЕЯТЕЛЬНОСТЬЮ, САНКТ-ПЕТЕРБУРГ, 2016 .

3. РАСУЛОВ Н.Н. СТИМУЛИРОВАНИЕ ПРИВЛЕЧЕНИЯ ИНОСТРАННЫХ ИНВЕСТИЦИЙ В ЭКОНОМИКУ УЗБЕКИСТАНА, ТАШКЕНТ , 2015 СТР. 98.

4. ЮЛДАШЕВ Р.З. ИНВЕСТИЦИОННОЕ ОБЕСПЕЧЕНИЕ ПРИВАТИЗИРОВАННЫХ ПРЕДПРИЯТИЙ В УЗБЕКИСТАНЕ, УПРАВЛЕНЧЕСКИЙ АСПЕКТ. ЭКОНОМИКА -2015

5. УБАЙДУЛЛАЕВА С. О. ПЕРСПЕКТИВЫ РАЗВИТИЯ ПРОМЫШЛЕННОСТИ. СТАТЬЯ; СБОРНИК СТАТЕЙ И ТЕЗИСОВ: МАКРОЭКОНОМИЧЕСКИЕ ПРОБЛЕМЫ В 2015 ГОДУ, ТГЭУ, 2015 ГОД.

6. УБАЙДУЛЛАЕВА С. О. ПЕРСПЕКТИВЫ РАЗВИТИЯ ЛЕГКОЙ ПРОМЫШЛЕННОСТИ. СТАТЬЯ; СБОРНИК НАУЧНЫХ СТАТЕЙ ОТДЕЛА МАГИСТРАТУРЫ, ПОСВЯЩЕННЫЙ К 25ЛЕТИЮ НЕЗАВИСИМОСТИ РЕСПУБЛИКИ УЗБЕКИСТАН, ТГЭУ, 2016 ГОД, 91 СТР.

7. ALBASSAM, B. A. (2020). A MODEL FOR ASSESSING THE EFFICIENCY OF GOVERNMENT EXPENDITURE. COGENT ECONOMICS & FINANCE, 8(1), 1823065.

8. IVANOVICH, K. K. PUBLIC DEBT AND ITS PLACE IN THE MACROECONOMIC POLICY OF THE REPUBLIC OF UZBEKISTAN. EPRA INTERNATIONAL JOURNAL OF MULTIDISCIPLINARY RESEARCH (IJMR), 15, 157.

9. KHASIANI, K., KOSHIMA, Y., MFOMBOUOT, A., & SINGH, A. (2020). BUDGET EXECUTION CONTROLS TO MITIGATE CORRUPTION RISK IN PANDEMIC SPENDING. FISCAL AFFAIRS, 1-9.

10. KURPAYANIDI, K. I. (2020). ON THE PROBLEM OF MACROECONOMIC ANALYSIS AND FORECASTING OF THE ECONOMY. ISJ THEORETICAL & APPLIED SCIENCE, 03 (83), 1-6. DOI: HTTPS://DX.DOI.ORG/10.15863/TAS.2020.03.83.1

11. MUKHSINOVA, S. O. (2021). THE PROBLEM OF OPTIMAL DISTRIBUTION OF ECONOMIC RESOURCES. ISJ THEORETICAL & APPLIED SCIENCE, 01 (93), 14-22. SOI: HTTP://S-OI.ORG/1.1/TAS-01-93-3 DOI: HTTPS://DX.DOI.ORG/10.15863/TAS.2021.01.93.3

12. VAN DEN BERG, H., VELAYUDHAN, R., & YADAV, R. S. (2021). MANAGEMENT OF INSECTICIDES FOR USE IN DISEASE VECTOR CONTROL: LESSONS FROM SIX COUNTRIES IN ASIA AND THE MIDDLE EAST. PLOS NEGLECTED TROPICAL DISEASES, 15(4), E0009358.

13. АКПЕРОВ И.Г, КОНОПЛЁВА И.А, ГОЛОВОЧ С.П КАЗНАЧЕЙСКАЯ СИСТЕМА ИСПОЛНЕНИЯ БЮДЖЕТИ В РОССИЙСКОЙ ФЕДЕРАЦИИ М.: "ФИНАНСЫ И СТАТИСТИКА" 2002 Г.

14. ВАХОБОВ.А.В, МАЛИКОВ Т.С. МОЛИЯ –Т. : "НОШИР" 2011 Й. 9. Г.А.ҚОСИМОВА ҒАЗНАЧИЛИК ФАОЛИЯТИНИ ТАШКИЛ ЭТИШ. ЎҚУВ ҚЎЛЛАНМА. ТОШКЕНТ «IQTISOD-MOLIYA» 2005 Й.

15. ИБРАГИМОВ А.К, СУГИРБАЕВ Б.Б. БЮДЖЕТ НАЗОРАТИ ВА АУДИТИ Т.: "INFOCOM.UZ" 2010 Й. SJIF 2023:5.971 LICENSE TYPE SUPPORTED CC: ATTRIBUTION 4.0 INTERNATIONAL (CC BY 4.0)

16. ҚОСИМОВА Г.А ДАВЛАТ БЮДЖЕТИ ИЖРОСИНИНГ ДАВЛАТ МОЛИЯВИЙ НАЗОРАТИ ТИЗИМИ Т.:"ИҚТИСОД ВА МОЛИЯ" 2008 Й. 12. ҚОСИМОВА Г.А ДАВЛАТ МОЛИЯВИЙ НАЗОРАТИ ФАОЛИЯТИНИ ТАШКИЛ ҚИЛИШ Т.:"ИҚТИСОД ВА МОЛИЯ" 2005 Й.

17. МАРКАЗИЙ БАНК СТАТИСТИК БЮЛЛЕТЕНИ МАЪЛУМОТЛАРИ.

18. МИЩЕНКО, Я. В., & ПЕРЕПЕЧКИНА, Е. Г. (2021). РОЛЬ ОБЩЕСТВЕННОГО КОНТРОЛЯ В ПОВЫШЕНИИ ЭФФЕКТИВНОСТИ ДЕЯТЕЛЬНОСТИ ОРГАНОВ ИСПОЛНИТЕЛЬНОЙ ВЛАСТИ. IN СОВРЕМЕННЫЕ ТЕНДЕНЦИИ В ГОСУДАРСТВЕННОМ УПРАВЛЕНИИ (PP. 125-129).

19. СИКОРСКАЯ, Л. В. (2021). ПУТИ ПОВЫШЕНИЯ ЭФФЕКТИВНОСТИ ОСУЩЕСТВЛЕНИЯ ВНУТРЕННЕГО ФИНАНСОВОГО АУДИТА. ЭКОНОМИЧЕСКАЯ БЕЗОПАСНОСТЬ, 4(4), 1223-1236.

20. СОДЕРЖАЩИЙ ОБЩЕЕ ПОЛОЖЕНИЕ ПО УЧЕТУ ГОСУДАРСТВЕННЫХ ФИНАНСОВЫХ ОПЕРАЦИЙ. ДЕКРЕТ № 62-1587 ОТ 29 ДЕКАБРЯ 1962 Г. ГЛАВА II. ГОСУДАРСТВЕННЫЙ КАЗНАЧЕЙ. СТАТЬЯ 11 17. СРОЖИДДИНОВА З.Х ЎЗБЕКИСТОН РЕСПУБЛИКАСИ БЮДЖЕТ ТИЗИМИ Т.: "ООО NORI" 2011 Й.

21. ТЕРЕЗА ТЕР-МИНАСЯН, ПЕДРО П. ПАРЕНТЕ, ПЕДРО МАРТИНЕС-МЕНДЕС. СОЗДАНИЕ КАЗНАЧЕЙСТВА В СТРАНАХ С ПЕРЕХОДНОЙ ЭКОНОМИКОЙ. МВФ. 1995Г.

22. ЮРТАЕВА, Т. В. (2020). РОЛЬ ОБЩЕСТВЕННОГО КОНТРОЛЯ В ПОВЫШЕНИИ ЭФФЕКТИВНОСТИ ДЕЯТЕЛЬНОСТИ ОРГАНОВ ВЛАСТИ. IN РОССИЯ В XXI ВЕКЕ: СТРАТЕГИЯ И ТАКТИКА СОЦИАЛЬНО-ЭКОНОМИЧЕСКИХ, ПОЛИТИЧЕСКИХ И ПРАВОВЫХ РЕФОРМ (PP. 84-86).

23. "DAVLAT-XUSUSIY SHERIKLIK (DXSH) TO'G'RISIDA"GI URQ-537 SONLI QONUN. 2019-YIL 10-MAY.
24. SIROJOV Z. DAVLAT -XUSUSIY SHERIKLIK ASOSIDA DAVLAT AHAMIYATGA MOLIK BO'LGAN DASTURLARNI AMALGA OSHIRISHDA XORIJIY DAVLATLAR TAJRIBASI// JAMIYAT VA BOSHQARUV. 2018, №2
25. QODIROV A.M, AXMEDIYEVA A. DAVLAT-XUSUSIY SHERIKLIK MEXANIZMLARIDAN FOYDALANISHDA XORIJ TAJRIBASI. "FAOL INVESTITSIYALAR VA IJTIMOIY RIVOJLANISHNING DOLZARB MASALALARI" MAVZUSIDAGI XALQARO ILMIY-AMALIY KONFERENSIYA ILMIY MAQOLALAR VA MATERIALLAR TO'PLAMI. 2019-YIL 11-OKTYABR.
26. ХАШИМОВА С.Н. МАМЛАКАТ ИҚТИСОДИЁТИНИ РИВОЖЛАНТИРИШДА ДАВЛАТХУСУСИЙ ШЕРИКЛИКНИНГ АҲАМИЯТИ. // МОЛИЯ.ИЛМИЙ ЖУРНАЛ. №1/2020

www.ingramcontent.com/pod-product-compliance
Lightning Source LLC
LaVergne TN
LVHW080354070526
838199LV00059B/3810